mañana

4

Libro del Alumno

Isabel López Barberá

M.ª Paz Bartolomé Alonso

Pilar Alzugaray Zaragüeta

Ana Isabel Blanco Gadañón

Diseño del proyecto y programación didáctica
Milagros Bodas, Sonia de Pedro

Redacción: Isabel López Barberá
M.ª Paz Bartolomé Alonso
Pilar Alzugaray Zaragüeta
Ana Isabel Blanco Gadañón

1.ª edición: 2003
2.ª edición: 2007

© De la obra: Grupo Anaya S.A.
© De los dibujos, esquemas y gráficos: Grupo Anaya S.A.
© De esta edición: Grupo Anaya S.A., 2003, Juan Ignacio Luca de Tena, 15 - 28027 Madrid (España)

Depósito legal: M-31.591-2007
ISBN: 978-84-667-6354-7
Impreso en España
Imprime: EDÍGRAFOS. C/ Volta, 2. Getafe (Madrid)

Equipo editorial
Coordinación y edición: Milagros Bodas, Sonia de Pedro
Ilustración: El Gancho (Tomás Hijo, José Zazo y Alberto Pieruz)
Diseño de cubiertas e interiores: M. Á. Pacheco, J. Serrano
Maquetación: Ángel Guerrero
Corrección: Carolina Frías, Raquel Mancheño
Edición gráfica: Nuria González

Fotografías: Archivo Anaya (Boe, O.; Calonge, N.; Chamero, J.; Grande, J. L.; Jove, V.; Lacey, T.; Leiva, Á.; Lezama, D.; Marín, E.; Muñoz, J. C.; Ortega, A.; Quintas, D.; Ramon, P-Fototeca de España; Ruiz, J. B.; Ruiz y Ruiz de Velasco, J. M.; 6x6 Producción Fotográfica; Steel, M.; Vázquez, A.)

Las normas ortográficas seguidas en este libro son las establecidas por la Real Academia Española en su última edición de la *Ortografía,* del año 1999.

PRESENTACIÓN

Mañana es un curso de español en cuatro niveles dirigido a preadolescentes / adolescentes. Se ha diseñado una programación que contempla las necesidades de los profesores y las peculiaridades de los alumnos.

Cada nivel del método se compone de Libro del Alumno (+ CD audio), Cuaderno de Ejercicios y Libro del Profesor (+ CD audio).

En el nivel 4 se retoma lo visto hasta el momento y se sistematizan, fundamentalmente, los distintos usos de las formas gramaticales. El estudiante será capaz de distinguir matices en las construcciones lingüísticas.

Hay un gran número de actividades con las que se practican las cuatro destrezas.

El vocabulario de cada lección corresponde a un ámbito específico y crece en dificultad.

El Libro del Alumno está compuesto de Cuadro de programación, ocho lecciones, Apéndice gramatical, Transcripciones y Glosario traducido al inglés, francés, alemán e italiano.

Cada lección consta de **Presentación,** que incluye título, objetivos de la lección y una gran ilustración, a modo de introducción; **Para empezar,** destinada a la compresión oral; **A trabajar,** donde se practican la gramática y el léxico; **Fíjate bien,** sección diseñada para trabajar la ortografía y la fonética; **Tu lectura,** destinada a trabajar la comprensión lectora a través de textos divulgativos; **Ahora habla,** para practicar la expresión oral; **Ahora tú,** con actividades para repasar los contenidos fundamentales de la lección; **Un poco de todo,** sección lúdica, y **Para terminar,** destinada a la revisión de lo estudiado en la lección.

Existen fichas con información gramatical y funcional llamadas *¿Sabes?,* que en muchos casos incluyen una referencia al Apéndice gramatical.

Sobre el icono de los ejercicios audio se indica el número de pista del CD.

CUADRO DE PROGRAMACIÓN

Gramática	Léxico	Ortografía y fonética
– Contraste entre los usos de *ser* y *estar*. – Expresiones hechas con *ser* y *estar*. – Verbos que expresan cambio.	– Léxico laboral.	– Pares de palabras de escritura diferente (I): *¿Por qué?, porque, por que, porqué // sino, si no // de más, demás // a ver, haber.*
– Diferentes usos del Futuro Simple y el Futuro Compuesto de Indicativo. – Valores del Condicional Simple y el Condicional Compuesto. – Sistematización de la expresión de la duda y la probabilidad. – Marcadores temporales.	– Términos relacionados con la Naturaleza.	– Pares de palabras de escritura diferente (II): *¿Adónde?, adonde, a donde // con que, conque, con qué.*
– Tiempos pasados en Indicativo y Subjuntivo.	– Léxico relacionado con las catástrofes naturales.	– Revisión de las reglas de acentuación.
– Recursos lingüísticos para expresar impersonalidad. – Construcciones pasivas. Valores de *se*.	– Léxico relacionado con el turismo y los viajes.	– Partición de palabras. – Pares de palabras de escritura diferente (III): *medio día, mediodía // sinsentido, sin sentido // sinfín, sin fin // sinrazón, sin razón // entorno, en torno // quehacer, que hacer // sinnúmero, sin número.*
– Oraciones y conectores causales, consecutivos y de finalidad. – Uso del Indicativo y del Subjuntivo.	– Léxico relacionado con las profesiones, ciencia y tecnología, supersticiones.	– Prefijos.
– Conectores condicionales y concesivos. – Modos y variantes de la estructura condicional. – Usos del Subjuntivo en las frases condicionales y concesivas.	– Términos relacionados con el cine, el teatro y la literatura.	– Siglas y abreviaturas.
– Pronombres personales. – Posición el adjetivo. Preposiciones. – Contraste entre *por* y *para*.	– Léxico relacionado con el campo y la ciudad: contraste entre ambas formas de vida.	– Topónimos y gentilicios.
– Sistematización del estilo indirecto. – Correlación de tiempos en estilo directo e indirecto.	– Léxico relacionado con los medios de comunicación.	– Repaso de las reglas de ortografía.

Contraste entre los usos de *ser* y *estar*. Describir estados. Definir y clasificar. Expresar el cambio de algo o alguien. El mundo del trabajo. Pares de palabras de escritura diferente (I).

1 Fíjate en esta viñeta y lee. ¿Dónde crees que están los personajes?

....

2 Lee las expresiones del vocabulario. Escribe un ejemplo con *ser / estar negro* y otro con *ser / estar claro*.

....
....

Vocabulario

ser / estar parado
ser / estar negro
ser / estar atento
ser / estar verde
ser / estar simpático
ser / estar el último
ser / estar ciego
ser / estar claro

PARA EMPEZAR

3 Escucha este programa de radio sobre el mundo laboral.

4 Ahora contesta a las siguientes preguntas.

1. ¿Quiénes son los invitados?
....

2. ¿De qué van a hablar? ¿Por qué es un tema importante?
....

3. ¿Qué ideas se ofrecen para ayudar a los jóvenes estudiantes que quieren trabajar?
....

4. ¿Qué es lo más importante para la empresaria a la hora de contratar a jóvenes?
....

5. ¿Cuál es la conclusión final?
....

5 Busca las expresiones sinónimas relacionando ambas columnas.

recibir / ganarse una gratificación
tener un salario
estar en el paro
tener empleo
estar capacitado

ser competente
cobrar una remuneración extra
tener trabajo
sufrir el desempleo
cobrar un sueldo

=

Estar en paro / estar sin trabajo.
Explotar a alguien.
Tener un empleo / un trabajo.
Cobrar / tener / recibir un salario / un sueldo.
Cobrar / tener / recibir una gratificación extra.
Cobrar / tener / recibir una jubilación / un retiro.
Cobrar / tener / recibir una pensión.

A TRABAJAR

6 Completa las frases con *ser* o *estar*.

1. Miguel .... negro. Lleva esperándote una hora.

2. Últimamente mi abuelo .... delicado. No se encuentra bien.

3. María me gusta: .... una chica clara. Dice lo que piensa.

4. He regalado a mi madre un jarrón de cerámica que .... muy delicado.

5. Pues .... claro. Dos no discuten si uno no quiere.

6. ¡Qué parado .... No he conocido a nadie tan tímido.

7 Estos son cuatro momentos importantes en la vida de Millonetis. ¿Puedes explicar qué cambios se producen? Utiliza los verbos y expresiones del *¿Sabes?*

1980	1985	1990	2000

Ej.: *En 1980 era un joven idealista. En 1985 llegó a ser...*

....

....

....

....

¿Sabes?

Verbos de cambio

- ***Ponerse*** + estado de ánimo o aspecto físico: *Ponerse nervioso; Se puso muy gordo.*
- ***Volverse*** + forma de ser o características físicas: *Volverse tacaño; Me volví loco.*
- ***Hacerse*** + ideología, profesión o estado: *Se hizo liberal / empresario / rico.*
- ***Llegar a ser*** + profesión o situación personal: *Llegó a ser ministro / director de márketing.*
- ***Convertirse en*** + cualidad: *Se convirtió en un egoísta.*
- ***Terminar / acabar*** + Gerundio; ***acabar de*** + cargo o profesión: *Acabó barriendo / Acabó de barrendero. Terminó mendigando por las calles.*

8 Lee el *¿Sabes?* y elige la forma verbal correcta para las frases propuestas.

¿Sabes?

Usos de *ser* y *estar*

Ser
- Como verbo auxiliar: *La exposición fue inaugurada por el alcalde.*
- Con significado propio: *¿Cuándo es tu cumpleaños? ¿Dónde fue la boda?*

Estar
- Como verbo auxiliar: *Estamos mirando la cartelera de cine.*
- Con significado propio: *María está en el baño.*

Además, hay una serie de construcciones y usos especiales que debes practicar para fijar su uso en español.

Ref. págs. 86-87

1. Un licenciado encuentra su primer empleo diez meses después de acabar sus estudios si *(es / está)* .... hombre y trece si *(es / está)* .... mujer, como mínimo.

2. Según algunos empresarios, el exceso de burocracia *(es / está)* .... alejando las inversiones extranjeras.

3. El desajuste entre el número de estudiantes y la oferta laboral *(es / está)* .... bastante grande, y solamente en algunas carreras, como Empresariales o Informática, la balanza *(es / está)* .... bien equilibrada.

4. En España *(son / están)* .... mucho menos numerosos los contratos a tiempo parcial que en el resto de Europa, lo que sin duda *(es / está)* .... una dificultad añadida al proceso de homologación de la UE.

5. La tasa de accidentes ocurridos en el ámbito laboral *(es / está)* .... muy alta y, para reducirla, *(es / está)* .... necesario concienciar a todas las personas que *(son / están)* .... implicadas: empresarios, sindicatos y trabajadores.

9 Haz un resumen con las frases anteriores en un solo párrafo. Fíjate en el *¿Sabes?*

¿Sabes?

*Esto es así porque /
a causa de / debido a ...*
Por un lado ...
Por otro lado ...
Además ...
Por último ...
En conclusión ...

10 Completa con las palabras del recuadro.

por qué	sino	porque	porqué
por que	si no	a ver	haber

1. El .... trabajado cinco años en la misma función le ha conferido mucha experiencia en el tema de los contratos laborales.

2. ¿Dónde está el informe que te pedí ayer? .... dónde lo he puesto, ¡ah, sí! Está sobre su mesa, Sr. Hernández.

3. ¿.............. no quieres hacer la presentación a esos clientes? Pues .... no los conozco muy bien, quien debería hacerla es Juan Manuel.

4. El motivo .... el jefe le llamó a su despacho no se dio a conocer a los demás empleados.

5. .... lees la prensa especializada, no puedes estar al día con las novedades del mundo financiero.

6. La próxima reunión de directores no será el próximo lunes, como estaba previsto, ... el miércoles.

11 Completa estas frases con la forma correcta: *por qué, porque, porqué, por que.*

1. Tendrá sus .... para actuar así. Un empresario nunca quiere perder dinero.

2. ¿..................... no puedes entender el .... de lo que estoy diciendo?

3. Las razones .... aceptó esas condiciones de trabajo son realmente un misterio.

4. Se preparó a conciencia .... quería conseguir el mejor puesto en la oposición.

12 Corrige los errores.

1. Vamos a haber lo que hay que hacer para encontrar un buen empleo. ....

2. A ver terminado tan pronto la prueba no es buena señal. ....

3. Haber quién me puede explicar las causas de tanto desorden. ....

4. Haber si este año nuestras ventas se incrementan un diez por ciento. ....

13 Escribe *demás* o *de más,* según convenga.

1. Estoy solo aquí; los .... se han ido a una entrevista de trabajo.

2. Había solicitudes .... para el número de ofertas.

3. Hay dinero .... para comprar el regalo de Juan. Los .... han ido a buscarle para celebrar su primer trabajo.

4. ¿Realmente crees que los .... entenderán que había comida .... y que, aun así, no ha sobrado nada?

14 Lee con atención este texto sobre los adolescentes e Internet.

LOS NIÑOS DE LA RED

Son adolescentes e Internet es su mundo. Poseen empresas, ingresan *jugosas nóminas* y grandes compañías los tientan *para hacerse con sus ideas.* Cuando nacieron, el ordenador ya estaba en sus casas y su futuro no puede ser más prometedor.

No tienen ni idea de quién es Mickey Mouse. Nunca han visto una televisión en blanco y negro y no conciben el mundo sin la palabra *ciberespacio.* Son los niños de la *generación.com.* David Navarro pertenece a ella y es uno de sus *prototipos.* [...] Con 18 años recién cumplidos, si suma su nómina en una compañía de telecomunicaciones, lo que cobra por sus *diseños web* y las *ganancias* de su pequeña empresa, sus *ingresos* se asemejan a los de cualquier alto ejecutivo español.

Juan Riera es un joven de 15 años. No se ha colocado en una empresa como alto ejecutivo, sino que posee cuatro *compañías* con las que espera facturar el año que viene más de 1.830.000 euros. Tiene tan clara su condición de *tiburón de los negocios* que se niega a participar en este reportaje si tiene que verse mezclado con otros chicos de su generación. Es más, en varias ocasiones ha afirmado: "Mis padres son *trabajadores* de la compañía, pero las decisiones las tomo yo".

El País Semanal, 30 de julio de 2000 (texto adaptado).

15 Marca verdadero o falso.

Verdadero   Falso

1. Los niños de la red empezaron su formación con la TV en blanco y negro.   ☐ ☐

2. Los jóvenes empresarios informáticos ganan muy poco dinero, únicamente trabajan por diversión.   ☐ ☐

3. Los adolescentes son grandes consumidores de productos informáticos, pero quienes controlan realmente estas empresas son viejos empresarios.   ☐ ☐

4. Internet es un gran referente en la vida de esos adolescentes.   ☐ ☐

16 Haz un pequeño glosario explicando las expresiones destacadas del texto con tus propias palabras. Puedes utilizar un diccionario.

AHORA HABLA
expresión oral

17 Clasifica las expresiones que te damos y añade otras que tú sepas.

- desde mi punto de vista
- claro (que sí / que no)
- porque
- en absoluto
- (no) me parece que
- (no) opino que
- me da la impresión de que
- (no) pienso que
- por supuesto (que sí / que no)
- debido a
- considero que
- ya que
- (no) creo que
- puesto que

causa	opinión	acuerdo / desacuerdo

18 En grupos, opinad y discutid sobre las siguientes cuestiones.

1. ¿Es bueno que una persona trabaje y gane mucho dinero antes de los 18 años?

2. ¿Es bueno / necesario estudiar y trabajar a la vez? ¿Por qué?

3. ¿Es importante la forma de vestir en el trabajo? ¿Por qué?

4. ¿Qué cualidades tiene que tener una persona para ser jefe?

19 ¿Qué haríais en estas situaciones? Justificad vuestra respuesta y discutidla con vuestros compañeros. Después, relacionad situaciones y expresiones.

⇨ Eres el dueño de una panadería artesanal y acabas de contratar a un aprendiz de pastelero. Es encantador y aprende rápidamente, pero un día descubres que todos los viernes se lleva a sus amigos a la panadería a merendar.

⇨ Trabajas en una empresa familiar en la que te pagan muy mal. Un día descubres unos papeles comprometedores para el dueño y…

⇨ La nueva empleada de la oficina es una chica extranjera que apenas entiende español. Todos se ríen de ella y le gastan muchas bromas.

⇨ Descubres por casualidad que un compañero de trabajo, con el que has hecho una gran amistad, es en realidad un espía de la competencia.

a) tener dos caras
b) a perro flaco todo son pulgas

c) no las hagas, no las temas
d) les das la mano y se toman el pie

¿Conoces expresiones similares en tu lengua? ¿Cuáles?

AHORA TÚ
práctica global

(2)

20 Vas a oír una serie de palabras. Clasifícalas en la tabla.

ADJETIVOS	SUSTANTIVOS	VERBOS
....	.... *alegría*	....
....	....	*alegrarse* ....
triste	....	....
....	....	....

21 Fíjate en el anuncio de trabajo que ha aparecido en la prensa. A continuación, lee con atención los dos currículum. En parejas, decidid cuál es el candidato idóneo para ese puesto.

EMPRESA LÍDER EN EL SECTOR TURÍSTICO precisa
GERENTE PARA HOTEL DE 5 ESTRELLAS

SE REQUIERE: Titulación superior afín al campo de trabajo. Dos años de experiencia, mínimo, en puestos de liderazgo.

SE OFRECE: Incorporación inmediata, sueldo fijo + ingresos variables por objetivos. Posibilidades de viajar y de ascenso.

INTERESADOS enviar CV al apartado de Correos 24245. Madrid.

CURRÍCULUM VÍTAE

NOMBRE *Saúl Redondo González*
FECHA Y LUGAR DE NACIMIENTO *1975, Guadalajara*
DIRECCIÓN *c/ Camino, 7 – 9.º L. 28013 Madrid*

FORMACIÓN
1993-1998 - Licenciado en Turismo por la Universidad Complutense de Madrid.
1998-2000 - Máster en Relaciones Internacionales, John Hopkins University (EE.UU.).
2001-2002 - Máster en Liderazgo, Escuela de Comercio de Londres (en curso).

EXPERIENCIA PROFESIONAL
2000-2007 - Atención al viajero en British Line (puesto en prácticas).

IDIOMAS
Inglés: nivel superior oral y escrito.
Alemán: buen nivel escrito.

INTERESES / AFICIONES
Viajar, conocer gente, escribir y tocar el piano.

Currículum vítae

NOMBRE *Ana Ordás Benavente*
FECHA Y LUGAR DE NACIMIENTO *1980, Sevilla*
DIRECCIÓN *c/ Medul, 4 – 3.º , 24007 León*

FORMACIÓN
1998-2000: Módulo superior en formación profesional. Especialidad: hostelería. Instituto Politécnico (Valladolid).

EXPERIENCIA PROFESIONAL
2000-2007: Encargada del restaurante del Parador de Granada.

IDIOMAS
Francés, italiano y rumano (buen nivel hablado y escrito).

INTERESES Y AFICIONES
Viajar y la psicología.

Entre todos, cread al candidato ideal: su físico, su carácter, su trayectoria vital y profesional.

UN POCO DE TODO

a jugar

22 Busca ocho palabras relacionadas con el tema del trabajo.

```
R E T R I B U C I Ó N S N Y I P
V X I B G S T U G M I S P G N S
R P S G S J O G S U N R I H D R
U E M P R E S A R I O F O C E F
M R S M T S G J V F T N F I M N
Y I T Z C H K P I S C W I E N W
T E M S P I A E Y U A X C W I X
K N S M T S G J V N T I C H Z I
O C G H C A H I I A T R O N A L
S I X I S R T M H V U D I D C D
P A R O H G Ó O V B C F G S I F
O I E I D N N S A L A R I O Ó J
Z S U M T S G J V F T D U O N U
S I M S P I A E Y G Z X X W G M
T I S G S J O G S U N R I I L Y
C O N T R A T O H F G A S B Ñ L
```

23 Si unes correctamente los siguientes pares encontrarás varias frases hechas en español.

En casa del herrero

El trabajo es

No por mucho madrugar

Donde hay capitán

salud

amanece más temprano

cuchillo de palo

no manda marinero

24 Descubre el intruso.

convertirse - lavarse - volverse - llegar a ser

salario - sueldo - contrato - despido

jefe - encargado - director - candidato

currículum - formación - empresario - experiencia

25 **Completa estas frases con la forma correcta.**

1. .... necesario que termines eso pronto.

| Está | Es | Debe | Puede |

2. El cumpleaños .... en mi casa, que .... cerca de Atocha.

| es /está | es / fue | será / estuvo | está / está |

3. En la entrevista .... muy amable.

| fue | se comportó | vino | salió |

4. Aquel cuadro .... pintado por El Greco.

| estuvo | fue | es | será |

5. Aunque últimamente .... negro, ... muy simpático.

| está / está | está / es | es / es | es / será |

6. .... muy bien considerado en el trabajo y cada día demuestra su eficacia: .... un buen trabajador.

| Está / es | Es / es | Está / está | Estuve / estoy |

7. ¿Qué .... de tu hermano? .... en actor.

| es / Se convierte | se encuentra / Está | es / Se ha convertido | está / Se |

26 **Descubre el error, subráyalo y corrígelo.**

1. Es muy interesada en trabajar en esta oficina. ....

2. Por qué eres mi mejor socio no voy a denunciarte por este fraude. ....

3. Sufrió un accidente laboral y puesto que tuvo que ir al hospital. ....

4. Estuvo el mejor estudiante de su promoción. ....

5. ¿Porqué no puedes resolver el problema tú solo? ....

6. Los de más candidatos pueden pasar a la sala de espera. ....

7. Es preparado para ser coordinador de departamento aunque es un poco verde para director general. ....

8. Después de los 65 años se cobra el paro. ....

9. Cuando le comunicaron su despido se convirtió muy nervioso. ....

27 **Explica en pocas palabras qué harías tú si fueras ministro de Trabajo de tu país.**

....
....
....
....

Expresión del futuro y de la probabilidad. El Futuro Simple y Compuesto de Indicativo. El Condicional Simple y Compuesto. Naturaleza. Pares de palabras de escritura diferente (II).

1 Fíjate en la viñeta y lee la conversación entre Antonio y Pilar.

> ¿DIGA?

> BIEN; TENGO CASI HECHO EL EQUIPAJE. CUANDO LLEGUES, YA HABRÉ TERMINADO DE PREPAPAR TODO PARA IR DE ACAMPADA A LA MONTAÑA. Y TÚ, ¿CÓMO ESTÁS? ¿NERVIOSA POR EL EXAMEN?

> HOLA, SOY YO, PILAR. ¿QUÉ TAL VA TODO?

> MUCHO, Y MUY CANSADA; DESDE HACE UN TIEMPO LLEVO UNA VIDA DE PERROS. Y TODO ME SALE FATAL. ¿QUÉ HABRÉ HECHO PARA TENER TAN MALA SUERTE ÚLTIMAMENTE?

FACULTAD DE VETERINARIA

Vocabulario

2 Antonio y Pilar van a ir a la montaña. Escribe otras palabras relacionadas con la naturaleza para completar el vocabulario.

flora	....	....
fauna	....	....
cordillera	....	....
meseta	....	....
arroyo	....	....
península	....	....
llanura	....	....

3 Escucha la conversación entre Pilar y Alejandro. Después, elige la opción correcta.

1

"Igual tiene el móvil estropeado" =
 a) Da igual que tenga el móvil estropeado.
 b) Tal vez su móvil se ha estropeado.

3

"Juan estará decidiendo qué se va a llevar" =
 a) Mañana Juan estará decidiendo qué se va a llevar.
 b) Posiblemente Juan está decidiendo ahora qué se va a llevar.

2

"A ver si está hablando con su novia" =
 a) Puede que esté hablando con su novia.
 b) Ve a ver si está hablando con su novia.

4

"¡Seré ingenua!" =
 a) Soy tremendamente ingenua.
 b) Probablemente seré ingenua.

=

Accidente geográfico.
Ir de acampada.
Para entonces.
A ver si se ha dormido.
Igual tienes razón.
Ser más lento que una tortuga.
Llevar una vida de perros.
Hacer el equipaje.

A TRABAJAR

4 **Lee el ¿Sabes? y escribe cuatro frases con cuatro usos distintos del futuro.**

¿Sabes?

El Futuro sirve para expresar:
- Un hecho futuro anterior a un momento futuro (Futuro Compuesto).
  Cuando volvamos de vacaciones, los vecinos ya se habrán ido.
- Probabilidad en el presente y en el pasado.
  Ahora serán las dos.
  El suelo está mojado: habrá llovido.
- Una afirmación que se opone a lo que se dice después.
  Será muy listo, pero siempre suspende.
  Antes habrá ganado mucho dinero, pero ahora está en la ruina.
- Una orden (Futuro Simple).
  Hoy no saldrás de casa.
- Intensificar una cualidad negativa (Futuro Simple), siempre con exclamación.
  ¡Será cotilla! = ¡Qué cotilla es!

Ref. pág. 88

1. Futuro simple: ....
2. Futuro simple: ....
3. Futuro compuesto: ....
4. Futuro compuesto: ....

5 **Completa las siguientes frases.**

1. Cuando Pepe venga yo ya *(terminar)* ....
2. Para cuando tú llegues, *(ellos, irse)* ....
3. Para entonces Pablo *(volver)* .... a casa.
4. Mañana a estas horas todo *(arreglarse)* ....

6 **Mira el dibujo y escribe el nombre correspondiente de cada parte.**

cima
ladera
falda
pico

Ahora completa estas frases.

1. Una .... es una cadena montañosa; por ejemplo, los Andes.
2. *Cumbre* es sinónimo de ....
3. *Pendiente* es sinónimo de ....

7 Un viaje es un buen momento para cotillear. Lee los cotilleos y después las conjeturas.

COTILLEOS

1. Dicen que el año próximo, cuando empiece el curso, tendremos un nuevo profesor de literatura. ☐

2. ¿Habrá vendido la profesora de matemáticas el cachorro de león o lo habrá llevado a un zoológico? ☐

3. Oye, ¿en qué terminó la historia aquella de abrir una fábrica de cerveza al lado del instituto? ☐

4. ¿Abrirán al final un jardín botánico enfrente del instituto? ☐

5. ¿Quién quemaría el césped del polideportivo? ☐

6. ¿Quién metería aquel loro tan simpático en el despacho del director? ☐

CONJETURAS

A) No creo. Ella es una gran amante de los animales y de las emociones fuertes. Lo mismo hasta se ha comprado otro.

B) Serían los pequeños porque a los mayores les gusta mucho el deporte.

C) En nada. Debían de ser tres o cuatro locos con menos cerebro que un mosquito los que propusieron una idea como esa.

D) Habrán echado al Sr. González, porque llegó tarde varias veces a clase.

E) Me extrañaría. Seguramente lo abrirán al lado del zoológico.

F) Serían los del último curso. Debían de estar más locos que una cabra.

1. Ahora relacionad los cotilleos y las conjeturas escribiendo junto a cada cotilleo la letra correspondiente.

2. Subrayad las distintas formas de expresar probabilidad. ¿Qué otras formas conocéis?

....

Ref. pág. 88

¿Sabes?

- Condicional Simple → Probabilidad en el pasado:
Cuando te conocí, yo tendría veinte años.
- Condicional Compuesto → Hecho probable anterior a un hecho pasado: *Pepe estaba enfadado; habría discutido con su jefe.*

Ref. págs. 88-89

FÍJATE BIEN

8 Lee las siguientes frases y completa el ¿Sabes?

1. ¿*Adónde* vas con esa caja?

2. El lugar *adonde* voy de vacaciones tiene un paisaje inhóspito.

3. No sé *adónde* vas y por eso estoy preocupado.

4. Voy *a donde* tú me digas.

5. María viajó *a donde* le dijeron.

6. *A donde* fueres haz lo que vieres.

¿Sabes?

- Si hay un antecedente explícito, se escribe
....
- Si no hay antecedente, se escribe
....
- Si es interrogativo siempre se escribe
....

9 Señalad la opción correcta.

1. Se miró *asimismo / a sí mismo / así mismo* en el espejo y se sorprendió.

2. Es mi terrible *sino / si no.*

3. Tengo *tampoco / tan poco* dinero que no puedo invitarte.

4. Trasplantó el cactus *tan bien / también* que nos dejó con la boca abierta.

5. Estudio *por que / porqué / porque* quiero aprender.

6. Donamos el dinero *aparte / a parte* de la gente necesitada.

7. Díselo a las *demás / de más* personas.

8. No vino mi padre *si no / sino* mi hermano.

9. No entiendo el *porque / porqué / por qué* de esta situación.

10. Hoy no has hecho nada, *con que / conque* vete a estudiar ahora mismo.

(4)

10 Escucha y escribe las frases que oigas.

1. ....

2. ....

3. ....

4. ....

5. ....

TU LECTURA
comprensión lectora

11 Lee el siguiente texto.

La Península Ibérica es muy rica en flora y fauna y además ofrece unos contrastes fantásticos de paisaje. El norte presenta inmensas zonas verdes y montañosas. Ahí está el mayor parque nacional de Europa, el de los Picos de Europa, que abarca tres comunidades autónomas: Asturias, Cantabria y Castilla-León. El animal más conocido de esta zona es el oso pardo, en vías de extinción, al igual que el urogallo. En el noroeste está la abrupta costa gallega, con las rías bajas y altas. En el noreste de la Península se encuentra la cordillera de los Pirineos, entre el mar Cantábrico y el Mediterráneo, que constituye la frontera natural y política entre España y Francia. El centro de la Península está dominado por la Meseta Central. Al sureste de la Meseta está la región de La Mancha, una amplia llanura. En el sur de la Península destacan Sierra Morena y Sierra Nevada (en Granada y Almería). En esta última se encuentra el pico Mulhacén, el más alto de la Península, con una altitud de 3.478 m. El segundo pico más alto es el Aneto, en los Pirineos. Entre los animales autóctonos más importantes están la cabra hispánica y el lince ibérico, de los que ya quedan pocos ejemplares.

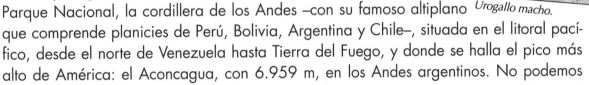

Al otro lado del Atlántico, el continente americano sorprende por su enorme riqueza de paisajes: las paradisiacas playas del mar Caribe, el archipiélago de las Galápagos –en Ecuador–, con su maravilloso Parque Nacional, la cordillera de los Andes –con su famoso altiplano que comprende planicies de Perú, Bolivia, Argentina y Chile–, situada en el litoral pacífico, desde el norte de Venezuela hasta Tierra del Fuego, y donde se halla el pico más alto de América: el Aconcagua, con 6.959 m, en los Andes argentinos. No podemos olvidar la impresionante selva amazónica ni la Pampa argentina, ni por supuesto la región de la Patagonia, en el sur de Argentina, con espectaculares glaciares, además de frondosos bosques y bellísimos lagos. Ahí está el estrecho de Magallanes, que comunica los océanos Atlántico y Pacífico.

Urogallo macho.

Glaciar Perito Moreno. Parque Nacional de los Glaciares. Argentina.

12 Subraya en el texto todos los términos referentes a accidentes geográficos y a la geografía de un lugar. Después, clasifícalos.

TIERRA: ....

....

AGUA: ....

....

AHORA HABLA

13 En el texto anterior se mencionan varias especies animales en vías de extinción. Discutid las siguientes cuestiones.

⇨ ¿Qué creéis que se puede hacer para evitarlo?

⇨ ¿En qué medida influye la caza furtiva? ¿Y los intereses comerciales?

⇨ ¿Conocéis otras especies que estén en peligro de extinción?

14 A debate. Leed el siguiente texto.

"Actualmente se calcula que existen cerca de 40 millones de hectáreas de cultivos transgénicos en el mundo. Es la Tercera Revolución Verde, así se ha llamado a esta técnica. Se habla de que se crearán alimentos perfectos que podrán alimentar a todo el mundo, pero se desconocen las consecuencias que puede tener este tratamiento genético de los alimentos para el organismo humano, sin olvidar las posibles secuelas en el medioambiente."

Formad grupos a favor o en contra de los alimentos transgénicos y debatid la cuestión.

¿Sabes?

En primer lugar…
Asimismo cabe añadir…
A propósito de…
Respecto a lo que dice…
En resumen…

15 Un compañero dirá el nombre de un accidente geográfico o elemento de la naturaleza. El primero que diga un ejemplo propondrá otra palabra, y así sucesivamente.

Ej.: *Golfo.* → *Golfo de México.*

AHORA TÚ
práctica global

16 Escoged un país y preparad una exposición sobre su geografía, su flora y su fauna.

17 Fíjate en el valor del futuro y del condicional en estas frases. Después, escribe otras con ese mismo valor.

1. ¡Seré estúpida! Siempre meto la pata en lo mismo.

....

2. No veo las llaves. Las habré olvidado en el coche.

....

3. Yo tendría 15 años cuando nació mi hermano pequeño.

....

4. No te preocupes: mañana todo habrá pasado.

....

5. Será muy inteligente, pero es un pesado.

....

6. Te comerás todo ahora mismo. ¿Me entiendes?

....

7. Habrá tenido mucho éxito en el amor, pero ahora está más solo que la una.

....

8. Al final Laura no me llamó; habría tenido un mal día y no querría hablar con nadie.

....

18 Tú dirás dos acciones y tu compañero tendrá que decir una frase con la estructura del ejemplo. Después, él te planteará a ti otras dos acciones.

Ej.: *Alumno A : Ver la película. → Regresar a casa.*

Alumno B: Cuando regreses a casa, yo ya habré visto la película.

Importante: puedes construir la frase con el sujeto que quieras.

veintitrés **23**

UN POCO DE TODO

19 Relaciona ambas columnas.

Ser un lince

Estar como pez en el agua

A mata caballo

Aburrirse como una ostra

Ser un pato

No divertirse

Ser muy listo

Estar a gusto, cómodo

Ser muy torpe

Muy deprisa, precipitadamente

Escribe dos frases con dos de las expresiones anteriores.

....

....

20 Marca el intruso y escribe por qué lo es.

A ver si / Puede que / Lo mismo ....

Asimismo / Finalmente / Además ....

Quizás / Tal vez / Seguro que ....

21 Busca en la sopa de letras 10 palabras referentes a la geografía de un lugar.

```
G S J O M S U N R G H L
E S T R E C H O F O C L
M T S G S A F T N L X A
Z C H K E B S C W F P N
S P G P T O U Z X O W U
M T S G A V F T I C H R
H C L H I P A B A H Í A
I S A T S H V X P I C G
P H D I O V B C F G S H
I D E N I S H L G R I N
C O R D I L L E R A P M
O P A A E Y G Z C I M A
```

PARA TERMINAR
repaso y autoevaluación

22 **Completa las siguientes frases con uno de estos verbos en su forma adecuada.**

ESTUDIAR / DORMIR / SER

1. En mi empresa la edad media .... de cuarenta años.

2. ¡................... tacaño mi vecino!

3. –¿Quién era ese chico con el que vimos ayer a María?

   –No sé, lo mismo .... su novio.

4. ...., pero al final no ha aprobado ninguna asignatura.

5. Tiene cara de estar muy cansada. No .... bien.

6. .... muy divertida entonces, pero ahora es más aburrida que una ostra.

23 **Construye frases con los verbos del recuadro siguiendo el ejemplo.**

Ej.: *Cuando vuelvas a casa mañana, María ya habrá comprado todo para la fiesta.*

LLEGAR / CENAR / COMPRAR / VOLVER / HABLAR / VENIR

1. ....

2. ....

3. ....

4. ....

24 **Completa estas palabras.**

B ... ... ÍA

C ... ... D ... ... L ... R ...

... ... LF ...

... ... UN ...

25 **Escucha y escribe.**

1. ....

2. ....

3. ....

4. ....

5. ....

3 LAMENTO QUE HAYA HABIDO OTRO INCENDIO

Expresar sentimientos, valoraciones y opiniones. Indicativo y Subjuntivo. Catástrofes naturales. Repaso de las reglas de acentuación.

1 Observa el dibujo y lee.

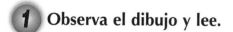

ME TEMO QUE NO HA SIDO FORTUITO. ESTO PARECE OBRA DE UN PIRÓMANO.

¡QUÉ PENA QUE TODO HAYA ARDIDO! APENAS HAN QUEDADO ÁRBOLES. CASI TODO ESTÁ CALCINADO.

¡DIOS MÍO! HACE UN AÑO TUVIMOS INUNDACIONES Y AHORA SE HA QUEMADO EL BOSQUE. ¡QUÉ LÁSTIMA!

¡QUÉ HORROR QUE HAYA OCURRIDO ESTA DESGRACIA! ESTO ES UNA AUTÉNTICA CATÁSTROFE NATURAL.

2 Clasifica las palabras del vocabulario.

AGUA	TIERRA	AIRE
....	....	....
....	....	....
....	....	....
....	....	....

Vocabulario

inundación
tornado
huracán
tempestad
terremoto
sismo / seísmo
torbellino
volcán
erupción

PARA EMPEZAR

3 Escucha la conversación entre el encargado del refugio y el guardabosque. Después, completa las frases.

A) Ese día me alegré de que no .... a trabajar.

B) A mí lo que me alegra de verdad es que .... sofocar el fuego.

C) Ahora lo importante es que todos .... para repoblar cuanto antes la zona quemada.

D) Los primeros días nos desanimaba que todo .... tan destruido.

4 Escucha estas noticias sobre catástrofes naturales y resume lo que ocurre en cada lugar.

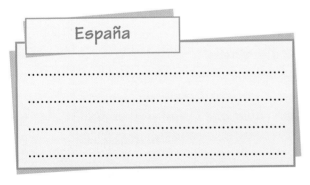

España
....
....
....
....

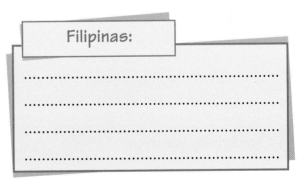

Filipinas:
....
....
....
....

El Salvador:
....
....
....
....

Sofocar un fuego / incendio.
Provocar un incendio.
Estallar una tormenta.
Lluvias torrenciales.
Movimiento sísmico.
Hizo erupción el volcán.
Temblor de tierra.

A TRABAJAR

léxico / gramática

5 **Elige la opción correcta.**

1. Mientras Pepe **estuvo / estaba** en la ducha, cantaba sin parar.
2. Anoche **llegué / llegaba** a casa y me metí enseguida en la cama.
3. Cuando **ha sido / era** más joven, **solía / solió** venir a pasear aquí.
4. Ayer no me **has dado / diste** todos los datos que **necesitaba / necesité**.
5. El otro día **he visto / vi** a la chica que me **habías presentado / presentabas** en la fiesta.
6. Hoy apenas **he comido / había comido**.

Ref. pág. 89

6 **Completa las frases con el verbo en el tiempo y modo adecuados.**

1. Te quejas de que el jefe *(protestar)* .... por el informe.
2. Desde que veraneas aquí siempre te ha gustado *(nadar)* .... por las noches.
3. No sé cuándo volverán del Amazonas, pero lo importante es que *(conseguir)* .... buenas fotos.
4. Me molesta que no *(tú, hacer)* .... bien tu trabajo el otro día y que ahora no *(ser)* .... capaz de reconocerlo.
5. Me encanta *(ir)* .... con ellos y que me *(enseñar)* .... cosas nuevas.

¿Sabes?

Valorar hechos

*Hoy **llueve**. → ¡Qué lástima que **llueva**!*
*Esta tarde vendrá Juan. → ¡Qué bien que **venga**!*
*María **ha suspendido** lengua. → ¡Qué pena que **haya suspendido**!*
*Al final **vino** mi vecino. → ¡Qué rollo que **viniera / viniese**!*
*Dijo que **había visto** a Manolo. → ¡Qué rabia que le **hubiera visto**!*

Ref. pág. 90

7 **Clasifica las palabras.**

rayos / truenos / cráter / ráfagas / relámpagos / temblor / epicentro
lava / lluvias torrenciales / sísmico

Volcán Krakatoa (Java).

TERREMOTO	VOLCÁN	TORMENTA	INUNDACIÓN
....	....	....	....
....	....	....	....
....	....	....	....
....	....	....	....

8 Escribe el final de estas frases.

1. Me encantó que mis amigos ....

2. No soporto que ....

3. Ella pensó que ....

4. Él lamentó que ....

5. Fue una pena que ....

6. A ella le molesta que yo no ....

7. Será maravilloso que ....

9 Tu compañero dirá una frase y tú tendrás que valorarla o expresar un sentimiento acerca de ella. Después, tu compañero valorará la frase que tú digas.

Ej.: *Ha habido un terremoto. → Es terrible que haya habido un terremoto.*
Mañana hará sol. → Me alegro de que mañana haga sol.

10 Lee las siguientes frases y sustituye el verbo en cursiva por otro que signifique lo mismo.

1. *(Me temo)* .... que no vendrá a tiempo.

2. Su política *(supone)* .... que suba el paro.

3. ¿No *(sientes)* .... que el tiempo ha empeorado?

4. *(Tememos)* .... que esté más enferma de lo que dice.

5. *(Siento)* .... mucho que no hayas aprobado el examen.

6. Me *(dijo)* .... que no *(sentía)* .... en absoluto que Pepe se hubiera divorciado de Susana.

7. *(Siento)* ....…. que la vida avanza demasiado rápido.

8. *(Dijo)* .... que se marchara en ese momento.

¿Sabes?

Hay verbos que pueden sufrir cambios de significado según lleven Indicativo o Subjuntivo.

decir, sentir, suponer, temer(se)

Ella supone que se acostará pronto.

Copiar en el examen supone que te castiguen.

Recuerda que estos verbos y los de opinión van con Subjuntivo si llevan negación.

No temo que me echen del trabajo.

FÍJATE BIEN

11 Lee este diálogo y escribe la tilde donde corresponda.

Lince ibérico.

A) ¿Que opinas de la deforestacion?

B) A mi me parece que, si seguimos sin tener en cuenta la importancia de los bosques y de los arboles, la vida en la Tierra va a desaparecer muy pronto.

C) Esta claro que la educacion es la manera mas facil y adecuada de concienciar a los jovenes de la importancia de respetar el medio ambiente.

D) ¿Sabiais que el lince iberico es una especie que vive unicamente en nuestro pais, en España? Es un felino de tamaño mediano, especializado en la captura de conejos y que vive en amplias extensiones de monte mediterraneo. Lo mas preocupante es que ahora esta en peligro de extincion, en concreto es el felino que tiene mayor peligro de desaparecer.

(8)

12 Escribe las frases que vas a oír.

1. ....

2. ....

3. ....

4. ....

13 Corrige los errores de acentuación que encuentres en las siguientes palabras.

1. dulceménte ....
2. lavaplatos ....
3. lentaménte ....
4. cuéntamelo ....
5. sientaté ....

6. dimelo................................
7. hispano-francés ....
8. ciempies ....
9. hablame ....
10. dieciseís................................

TU LECTURA

comprensión lectora

14 Lee los siguientes textos.

> "Llovió cuatro años, once meses y dos días. Hubo épocas de llovizna en que todo el mundo se puso sus ropas de pontifical y se compuso una cara de convaleciente para celebrar la escampada, pero pronto se acostumbraron a interpretar las pausas como anuncios de recrudecimiento. Se desempedraba el cielo en unas tempestades de estropicio, y el norte mandaba unos huracanes que desportillaron techos y derribaron paredes y desenterraron de raíz las últimas cepas de las plantaciones."
>
> Gabriel García Márquez, *Cien años de soledad*, Ed. Cátedra, 2003.

1542, Río Iguazú: A plena luz

Cataratas de Iguazú. Parque Nal. Iguazú. Brasil.

"Echando humo bajo su traje de hierro, atormentado por las picaduras y las llagas, Álvar Núñez Cabeza de Vaca se baja del caballo y ve a Dios por primera vez.

Las mariposas gigantes aletean alrededor. Cabeza de Vaca se arrodilla ante las cataratas de Iguazú. Los torrentes, estrepitosos, espumosos, se vuelcan desde el cielo para lavar la sangre de todos los caídos y redimir a todos los desiertos, raudales que desatan vapores y arcoiris (...)

Para descubrir esta lluvia de Dios ha caminado Cabeza de Vaca la mitad del mundo y ha navegado la otra mitad. Para conocerla ha sufrido naufragios y penares; para verla ha nacido con ojos en la cara. Lo que le quede de vida será de regalo."

Eduardo Galeano, *Amares*, Alianza Editorial, 1993.

15 Contesta a estas preguntas.

1. ¿Qué significa *llovizna?*

....

2. *Escampada* proviene del verbo *escampar.* ¿Qué significa?

....

3. ¿Podrías explicar la frase "Se desempedraba el cielo en unas tempestades de estropicio"?

....

4. ¿Quién crees que era Cabeza de Vaca? ¿De dónde venía?

....

5. Las lluvias torrenciales se relacionan con los torrentes. ¿Qué son?

....

AHORA HABLA
expresión oral

16 Elegid una de las siguientes situaciones e imaginad que habéis sido testigos de ella. Describid en pasado qué y cómo ocurrió todo.

⇨ *un terremoto*

⇨ *un incendio*

⇨ *la erupción de un volcán*

⇨ *un huracán*

⇨ *un maremoto*

17 Dad vuestra opinión sobre alguno de estos temas. Valoradlos y expresad los sentimientos que os producen.

⇨ La guerra. ¿En algún caso está justificada?

⇨ ¿Cómo evitar los incendios? ¿Qué opináis de los pirómanos?

⇨ ¿Todos los países están igual de preparados para afrontar una catástrofe natural?

⇨ El hambre en el mundo. ¿Qué podríamos hacer para combatirla de forma eficaz?

Miniatura. Guerra de los cien años (1417).

18 Luisa se ha ido de viaje con sus amigos y ahora está enfadada con ellos. Completa el siguiente texto. Utiliza los sustantivos del cuadro.

torrentes - volcán - erupción

Es una pena que al final no me (vosotros, hacer caso) .... y ahora no (nosotros, estar) .... yendo hacia el norte. Y ya sabéis lo que me molesta que no me (vosotros, escuchar) .... Además, tampoco os preocupáis de (preguntar) .... a los demás qué es lo que les apetece. ¿Para qué? Bueno, pues esta vez (vosotros, equivocarse) ...., porque resulta que hace unos días (yo, mirar) .... el pronóstico del tiempo y decían que era probable que en el sur (haber) .... fuertes tormentas acompañadas de enormes ráfagas de viento.

Además, dijeron que no iba a escampar en toda la semana. Pero, nada, como a vosotros os apetecía ver el cráter del volcán ese... Seguro que incluso (vosotros, pensar) .... llevaros un recuerdo de la última .... del volcán. Pues nada, en vez del ...., vais a ver unas maravillosas cataratas. Ya veréis. ¿No os encanta que .... de agua (caer) .... sobre vosotros? A mí, desde luego que no. Así que me voy, y ya os anuncio que es inútil que me (vosotros, invitar) .... la próxima vez a viajar con vosotros. Estoy harta de que no (vosotros, pensar) .... nunca en mí.

19 Imaginad que habéis vivido un terremoto o la erupción de un volcán y habéis logrado salvaros. Escribid en pasado cómo ocurrió todo.

....
....
....
....
....
....
....
....

UN POCO DE TODO

20 Ordena estas frases para ver si hay que hacer algún cambio en las palabras subrayadas.

1. en / reunión / me / la / <u>ignorar</u> / molestó / que / me / ella

....

2. ¿no / <u>ser</u> / <u>irse</u> / crees / que / mejor / que / te?

....

3. <u>provocar</u> / no / la / soporto / incendios / que / gente

....

21 Completa las siguientes palabras.

1. L ... V ...

2. ... ... R ... E ... ... IA ...

3. E ... ... C ... ... T ... O

4. S ... ... M ... ... O

5. ... R ... ENO

22 Mira los dibujos. ¿Qué crees que significan estas expresiones?

1. Llover a cántaros.

....

2. Esto sabe a rayos.

....

3. Viaje relámpago.

....

PARA TERMINAR
repaso y autoevaluación

23 **Elige la opción correcta.**

1. Nos extrañó que no **querías / quisieras** venir con nosotros.

2. Le encantó que le **preparásemos / prepararían** el viaje.

3. La semana pasada **ha venido / vino** mi hermano de Grecia.

4. Olvidé devolverte el libro que me **habías prestado / prestabas**.

5. Me preocupa que todavía no **haya llamado / hubiera llamado**.

6. No considero que **es / sea** fácil encontrar una solución.

7. Lo importante es que **estemos / estuviésemos** unidos.

8. ¡Qué pena que no **viniesen / vengan** ayer mis amigos!

24 **Relaciona ambas columnas.**

tornado	lava
sismo	relámpagos
volcán	epicentro
tempestad	ráfagas de viento
inundación	llamas
incendio	lluvias torrenciales

25 **Acentúa las palabras cuando sea necesario.**

1. No se como has podido pensar asi de mi.

2. Si no puedes venir, dimelo.

3. Os pido que averigüeis que ha pasado con el.

4. Aquel dia no entendi lo que me querias decir.

5. En la zona estan sintiendose movimientos sismicos.

26 **Escribe una palabra que signifique…**

• lluvia débil ....

• dejar de llover ....

• corriente grande de agua ....

Recursos para expresar la impersonalidad. Construcciones pasivas. Valores de *se*. Turismo. Partición de palabras. Pares de palabras de escritura difrente (III).

1 Observa la ilustración y lee.

La Sagrada Familia (Barcelona).

Calendario azteca. Museo Nal. de Antropología (México D.F.).

DICEN QUE EL ACUEDUCTO ROMANO DE SEGOVIA ES DE LA ÉPOCA DEL EMPERADOR AUGUSTO.

TODO EL MUNDO SABE QUE LA SAGRADA FAMILIA FUE CONSTRUIDA POR GAUDÍ.

MIREN EL MARAVILLOSO CALENDARIO AZTECA Y EL IMPRESIONANTE MACHU PICCHU.

PUES YO NO LO SABÍA. ¿ES QUE YO NO SOY DE ESTE MUNDO?

YA TE LO DECÍA YO, CARLOS.

Acueducto romano de Segovia.

2 Completa el vocabulario con más palabras relacionadas con el turismo y monumentos turísticos.

3 Los romanos construían acueductos. ¿Qué más construían?

....

Vocabulario

iglesia ....

mezquita ....

sinagoga ....

parador ....

alojamiento ....

hostelería ....

PARA EMPEZAR

4 Escucha y contesta a las siguientes preguntas.

a) El turismo, ¿es importante para el futuro?

☐ Sí   ¿Por qué?

☐ No   ....

☐ Quizás   ....

b) ¿Para qué se creó la OIT (Organización Internacional de Turismo)?

....

....

....

c) ¿Qué tres tipos de turismo se mencionan?

....

d) Según el Sr. Gómez hacer turismo, ¿es un placer o una necesidad? ¿Por qué? ¿Y para ti?

....

....

....

....

....

Hacer turismo.
Visita turística.
Visita guiada.
Lugar de interés turístico.
Ruta turística.
Vista panorámica.
En definitiva.

A TRABAJAR

léxico / gramática

5 Ordena estos fragmentos y conocerás algo sobre la historia de Guernica.

- [ ] - En 1366, y alrededor de este árbol, se fundó el pueblo de Guernica, en Vizcaya.

- [ ] - El 26 de abril de 1937 el pueblo fue bombardeado por aviones de la Legión Cóndor alemana. Gran parte de la villa fue destruida y hubo numerosas víctimas.

- [ ] - El desastre fue inmortalizado en 1937 por Pablo Picasso en un cuadro con el mismo nombre. Esta obra se expuso por primera vez en la Exposición Universal de París y causó un tremendo impacto. Después fue guardada en depósito en el Museo de Arte Moderno de Nueva York hasta que en 1981 pudo ser trasladada a España. Actualmente el cuadro puede ser contemplado en el Museo de Arte Reina Sofía, en Madrid.

- [ ] - Desde muy antiguo las juntas y reuniones de vecinos se celebraban bajo un viejo roble, llamado árbol de Guernica.

- [ ] - Por eso, con el tiempo, este viejo roble fue considerado el símbolo de las libertades de la tierra, e incluso los reyes juraban junto al árbol respetar las leyes y los privilegios de Vizcaya.

El Guernica. Pablo Ruiz Picasso. Museo Nacional Centro de Arte Reina Sofía (Madrid).

> **¿Sabes?**
>
> **Estructuras pasivas**
>
> Ser + Participio (+ *por* + agente)
> *Pepe dirigió muchas películas.* →
> *Muchas películas fueron dirigidas por Pepe.*
>
> Se + verbo en 3.ª persona del singular o plural. No se indica el agente.
> *Se dirigió la gran película de la década.* →
> *Se dirigieron muchas películas.*
>
> **Ref. págs. 86 y 90**

1. Fíjate en el *¿Sabes?* y subraya todas las formas pasivas del texto.

2. Elige cinco de estas formas y transfórmalas siguiendo el ejemplo.

Ej.: *Alrededor de este árbol se fundó el pueblo de Guernica. → Fue fundado.*
   Actualmente el cuadro puede ser contemplado en Madrid. → Puede contemplarse.

1. ....

2. ....

3. ....

4. ....

5. ....

6 Convierte en impersonales estas frases a través de *se*. Fíjate en el *¿Sabes?*

1. La fábrica ha despedido a todos los trabajadores.

....

2. El presidente felicitará personalmente a los premiados.

....

3. La policía no logró detener al asesino.

....

4. ¡Qué bien dormimos aquí!

....

> *¿Sabes?*
>
> **Se impersonal**
>
> *Se* + verbo en 3.ª persona del singular
>
> • con la preposición *a*:
> *Se invitó a todos los ministros.*
>
> • sin la preposición *a*:
> *Se vive bien aquí.*
>
> **Ref. pág. 90**

7 Decid frases con los verbos del recuadro. En ninguna podéis indicar quién realiza la acción.

Ej.: *Se leen pocos libros en España.*

comer / vivir / leer / viajar / ver / buscar / acostarse

> *¿Sabes?*
>
> **Otras formas de expresar impersonalidad**
>
> • 3.ª pers. plural → *Dicen que hará frío; Ayer me despidieron.*
> • 2.ª pers. singular → *Cuando estás cansado, te duermes en cualquier sitio.*
> • *Todo el mundo / La gente / Uno(a) ya sabe que no cambiará nada.*
>
> **Ref. pág. 90**

8 Lee estas frases y escribe el valor que tiene el pronombre *se*.

1. Juan se arrepiente de todo.

....

2. Ellos se respetan mucho.

....

3. Se lo dije, pero no sirvió de nada.

....

4. Ella siempre se lava las manos como Pilatos.

....

5. Ellos se acuerdan mucho de ti.

....

> *¿Sabes?*
>
> **Valores de *se***
>
> • reflexivo: *Pablo se miró en el espejo.*
> • recíproco: *Ellas ya no se hablan.*
> • como variante de *le / les*:
> *Se lo regaló.*
> • componente de un verbo pronominal:
> *Él se queja de todo.*
> • impersonal:
> *Se estudia mejor en silencio.*
>
> **Ref. pág. 91**

ortografía / fonética: partición de palabras; pares de palabras de escritura diferente (III)

9 Separa las siguientes palabras en sílabas.

1. inauguración ....
2. extraer ....
3. inyección ....
4. equipo ....
5. cucharilla ....
6. hablar ....
7. postromántico ....
8. hambriento ....
9. lingüístico ....
10. exhaustivo ....

11. inhumano ....
12. inspección ....
13. instrucción ....
14. reclamación ....
15. aterrar ....
16. innato ....
17. atlántico ....
18. abstracto ....
19. reflexión ....
20. subrayar ....

10 Marca la opción correcta.

1. Mi vecina lleva *mediodía / medio día* llorando.

2. Esta situación es un *sinsentido / sin sentido,* no tiene ninguna lógica.

3. Aquel fue un viaje *sinfín / sin fin.* Me pareció interminable.

4. Déjalo ya: hablas *sin razón / sinrazón.*

5. Las personas de tu *en torno / entorno* te entienden.

6. Ahora no tengo nada *que hacer / que-hacer.*

7. Conozco un *sin fin / sinfín* de personas que podrían ayudarte.

8. Ya te lo he repetido un *sinnúmero / sin número* de veces.

9. Cayó al suelo *sin sentido / sinsentido.*

10. No quiero interrumpirte en tu *que hacer / quehacer* diario.

11. Se reunieron *en torno a / entorno a* veinte personas.

12. La guerra es una *sinrazón / sin razón.*

¿Sabes?

Al escribir, cuando cambiamos de línea y tenemos que dividir una palabra, no podemos separar letras de una misma sílaba.
El niño estaba se~~d~~
~~di~~to y cansado.

¿Sabes?

en torno a $\begin{cases} - \text{alrededor de, sobre} \\ - \text{aproximadamente} \end{cases}$

TU LECTURA
comprensión lectora

11 Lee atentamente el siguiente texto sobre el Camino de Santiago.

Peregrino (Burgos).

Este camino fue, durante mucho tiempo, la columna vertebral de la cultura de Occidente. Su origen está en el descubrimiento, en el año 813, de la tumba del apóstol Santiago por parte del eremita Pelayo, que observó resplandores y cánticos en una zona del bosque e informó al obispo del lugar, quien descubrió los restos del apóstol gracias a la inscripción de la lápida. Informado el rey, proclamó a Santiago Patrono del Reino y edificó un monasterio que más tarde se convertiría en catedral. De esta catedral cabe destacar la fachada principal, una de las más bellas del mundo a pesar de la diversidad de edificios, todos ellos de gran valor artístico, que la componen. Para algunos **obradoiro** significa obra de oro mientras que para otros es lugar de obra. En cualquier caso bien merece una detallada visita. Una de las mayores curiosidades de su interior es el botafumeiro, especie de perfumador gigante que se acciona con la fuerza de varios hombres, y que servía para intentar combatir el olor corporal de las riadas de peregrinos que llegaban a Santiago después de largas caminatas sin poder lavarse adecuadamente.

Reyes, soldados, monjes, intelectuales, hombres de ciencia, peregrinos, venían desde los más remotos lugares a peregrinar a Santiago, y venían con su cultura, sus conocimientos ... convirtiendo así esta ruta en abigarrado laboratorio donde se mezclaban y destilaban todos los saberes de la época.

El traje del peregrino incluye una vieira, una calabaza y un bastón. El bastón para ayudarse en las largas caminatas; la calabaza para transportar el agua, a modo de antigua cantimplora, y la vieira como signo de identidad del verdadero peregrino frente a los muchos salteadores y bandidos que aprovechan el camino para disfrazarse de peregrinos y robar en las hospederías ("hoteles" de origen religioso) que casi gratuitamente prestaban cobijo y asilo a los peregrinos.

Misa de peregrinos en la catedral de Santiago de Compostela.

12 Responde a las siguientes preguntas.

1. ¿Qué importancia tuvo el descubrimiento de la tumba para Occidente?

....

....

....

2. ¿Qué significan estas palabras?

• vieira: ....

• lápida: ....

• calabaza: ....

• bastón: ....

AHORA HABLA
expresión oral

13 ¿Os gustaría hacer el Camino de Santiago? Razonad vuestra respuesta y exponedla en clase.

14 Elegid una de estas afirmaciones con respecto al hecho de viajar. Comentadla entre vosotros y después exponed a la clase qué significa y si estáis o no de acuerdo con ella.

"Nunca mejora su estado quien muda solamente de lugar y no de vida y de costumbres."

Quevedo (1580-1645), escritor español.

"Hay mucha diferencia entre viajar para ver países y para ver pueblos."

Rousseau (1712-1778), pensador suizo.

"Como todos los grandes viajeros, yo he visto más cosas de las que recuerdo y recuerdo más cosas de las que he visto."

Benjamin Disraeli (1804-1881), político y escritor británico.

"La vida es un libro del que, quien no ha visto más que su patria, no ha leído más que una página."

Fillippo Pananti (1776-1837), poeta cómico italiano.

15 Escoged una ciudad de España o de Hispanoamérica y haced de guía. Decid qué monumentos o lugares son interesantes de ver y contad un poco la historia de la ciudad. Os proponemos algunas ciudades.

| TOLEDO | GRANADA | BARCELONA | BUENOS AIRES | LA HABANA |
| CIUDAD DE MÉXICO | BOGOTÁ | SANTIAGO DE CHILE | | |

Vista de la Alhambra de Granada (España).

Catedral de la Habana (Cuba).

AHORA TÚ
práctica global

16 Leed este texto que nos habla de las Islas Canarias. Subrayad y comentad todas las estructuras impersonales y pasivas que veáis en él.

Las Islas Canarias son un archipiélago español situado en el Atlántico, frente a Marruecos. El nombre le fue dado a partir del nombre de la isla central, Gran Canaria. Esta isla también es llamada "continente en miniatura" por la variedad de paisajes que se encuentran en ella. Allí uno pasa de los arenales y las dunas del sur a las altitudes de su macizo central, o de los acantilados del norte a las playas del sur. En ella disfrutas todo el año de un clima excelente que posee muy pocas variaciones, debido a la influencia de los vientos alisios y de la corriente fría de Canarias; por eso allí se hallan muchos frutos tropicales: plátano, piña, etc.

En la isla de Tenerife puedes ver el volcán Teide (3.710 m), el punto más alto del archipiélago y de España.

Volcán Teide nevado (Tenerife).

17 Imaginad más cosas acerca de las Canarias y escribid tres frases donde *se* no tenga valor impersonal.

1. ....
2. ....
3. ....

18 Construye oraciones impersonales utilizando las diversas formas de expresar impersonalidad. Te damos un ejemplo.

Ej.: *Decir / el euro es un gran éxito.* → *Dicen que el euro es un gran éxito.*

1. Pensar / no es bueno dormir poco. ....
2. Comentar / el atraco al banco. ....
3. Creer / es difícil pilotar un avión ....
4. Saber / ese libro es ya un clásico. ....

UN POCO DE TODO

19 Adivina cuál es el error que hay en cada frase.

1. En Chile se pueden visitar templos aztecas.

....

2. El *Guernica* se puede ver en Vizcaya.

....

3. La gente sabe que Madrid rivaliza con Barcelona por tener playa, el maravilloso cava y la Sagrada Familia.

....

....

4. La Casa Rosada está en México.

....

5. En Andalucía la cultura árabe nos ha dejado dos joyas arquitectónicas: el palacio de la Alhambra en Córdoba y la maravillosa mezquita de Granada.

....

6. La tumba del apóstol Santiago fue descubierta en el año 613 por unos niños.

....

20 Busca siete lugares que se pueden visitar generalmente cuando se hace turismo.

M	A	G	O	G	A	N	I	S	D
E	B	L	A	N	O	U	R	A	R
A	L	O	T	L	O	Y	S	B	F
T	R	A	L	I	E	N	I	A	D
I	I	A	R	P	S	A	I	T	E
U	T	I	D	D	U	S	N	A	T
Q	T	S	O	E	M	E	A	L	Y
Z	X	E	T	L	E	T	T	A	U
E	I	L	M	M	U	A	A	R	I
M	V	G	C	P	K	A	P	D	O
I	W	I	I	S	L	Ñ	S	E	S
K	R	U	J	F	V	O	D	T	J
D	O	I	C	A	L	A	P	A	H
J	H	S	E	R	E	R	T	C	K

PARA TERMINAR

repaso y autoevaluación

21 Corrige los errores en las siguientes frases.

1. Por fin se han votado a los candidados de mi partido.

....

2. Siempre le lo dije.

....

3. La muralla fue construido por los romanos.

....

4. Se trabajan mucho aquí.

....

5. La gente sabe que Pepe queja por todo.

....

22 Completa estas palabras.

P...R...D... ...

M...N...ME...TO

C...S... R...R...L

AL...J...MI... ... ...O

23 Divide en sílabas estas palabras.

1. dirección ....
2. carretera ....
3. atlas ....
4. deshacer ....

5. ahogar ....
6. hueso ....
7. abrir ....
8. averigüéis ....

24 Escucha y escribe estas frases.

1. ....
2. ....
3. ....
4. ....

5 PIENSO, LUEGO EXISTO

Expresar causa. Expresar finalidad y consecuencia. Distintos campos y materias de estudio.
Profesiones. Ciencia y tecnología / supersticiones, leyendas. Prefijos.

1 Observa y lee.

2 Elige tres profesiones del vocabulario y defínelas.

1. ....
2. ....
3. ....

Vocabulario

biólogo	economista
filósofo	sociólogo
matemático	astrónomo
físico	cirujano
químico	carpintero
editor	banquero

(11)

3 *El saber os hará libres.* Esta es la última propuesta de una cadena de televisión educativa. Escucha y contesta a las siguientes preguntas.

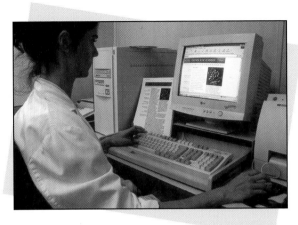

1. ¿Dónde trabaja María Blanco?

....

2. Según María Blanco, ¿qué seríamos sin libros?

....

3. ¿De qué mundo viene el Sr. Stowe?

....

4. En los clubes de lectura de María Blanco, ¿qué otras cosas hacen además de leer?

....

5. ¿Con qué finalidad se crea una Universidad a Distancia?

....

....

6. Según el Sr. Stowe, ¿qué es lo que condiciona hoy en día la vida de la gente?

....

....

Locos por la cultura.
Ser de letras / de ciencias.
Pasión por la lectura.
Tertulia literaria.
Mundo de las finanzas.
Ciencias ocultas.

A TRABAJAR

léxico / gramática

4 Lee estos textos y después contesta a las preguntas.

I. En concreto, el médico Escribonius Largus, hace más de 2.000 años, mezcló miel, sal, vinagre y vidrio pulverizado. Esta mezcla es el primer dentífrico en el sentido moderno de la palabra y mucho mejor que el método que empleaban los griegos para combatir las caries: la orina humana. <u>Como</u> a los romanos les gustaba mucho comer, idearon un sistema para el cuidado de la dentadura.

II. No está claro el origen de las cartas. Se supone que es un invento español, de un tal Vilhán, afincado en Sevilla. Sin embargo, algunos sostienen que es una derivación del dominó, que es de origen chino y que nos llegó a través de los árabes. Lo que sí está claro es que tienen muchas aplicaciones y que han sido objeto de numerosos estudios. Pero, eso sí, tienen un valor esotérico <u>tan</u> marcado <u>que</u> siempre van unidas al azar, ya sea como juego, ya sea como método de adivinación del futuro.

III. La rueda, elemento básico de la bicicleta, fue un invento que revolucionó el mundo. Ha tenido miles de aplicaciones, pero está claro que el uso más extendido de la rueda ha sido en los medios de transporte. <u>Dado que</u> aparece en diferentes esculturas, en concreto en el jeroglífico de un obelisco egipcio y en los bajorrelieves de otro pueblo milenario, el babilonio, podemos decir que la bicicleta fue uno de los primeros medios de transporte.

1. Lee el ¿Sabes? y contesta. ¿Para qué sirven las palabras subrayadas?

> ## ¿Sabes?
>
> **Como** + Indicativo
> – *Lo hago como tú dices.*
> Aquí tiene valor modal.
> – **Como** *no viniste, me fui.*
> Aquí tiene valor causal.
>
> **Ref. pág. 91**

....
....

> ## ¿Sabes?
>
> Para expresar la consecuencia:
> – *de forma que…*
> – *de tal manera que…*
> – *luego…*
> – *tan… que…*
>
> **Ref. pág. 92**

2. ¿*Tan … que* equivale a *tan … como*?

....

5 Clasifica los siguientes conectores.

así pues / dado que / luego / tan … que / ya que / puesto que / a fin de que / es que
por lo que / de ahí que / así que / tanto que / para que

CAUSA	CONSECUENCIA	FINALIDAD
....	....	....
....	....	....
....	....	....

6 **Subraya la opción correcta.**

1. Consiguió terminarlo *gracias a / por culpa de* su hermano.

2. Come mucho, *luego / como* está gordito.

3. Sr. Director, he trabajado mucho en este proyecto *porque / por lo que* me gustaría negociar mi salario.

4. Vete, *que / a causa de que* es importante para ti no llegar tarde a la cita con Juan.

7 **Escribe el verbo en indicativo o en subjuntivo.**

1. Lo hizo tan mal que *(yo, tener)* .... que suspenderle.

2. Haría lo que fuera a fin de que Juan *(entrar)* ....…............... en el partido.

3. He abandonado la enseñanza no porque no me *(gustar)* .... sino porque no *(poder)* .... soportar tanta presión por más tiempo.

4. Esta mujer trabaja tanto que sus hijos *(preocuparse)* .... por ella.

Ref. págs. 91-92

8 **Completad estas frases con los conectores correspondientes. Después, comentad qué quiere decir cada una.**

| para que como tan ... que aunque |

1. .... hoy es martes y trece, ni te cases ni te embarques.

....

2. Yo no creo en las meigas, ... haberlas, haylas.

....

3. –¿Sabes? Últimamente a todos mis compañeros de piso les han robado.

–Pues toca madera .... no seas tú el próximo.

....

4. Todo me va .... mal .... yo creo que alguien me ha echado mal de ojo.

....

FÍJATE BIEN

9 Fíjate en el *¿Sabes?* Después, añade al listado de palabras uno de los prefijos propuestos.

¿Sabes?

a-, in-, i-, des-	negación
anti-	oposición
ante-, pre-	anterioridad
co-	asociación
ex	ya no es lo que era
hiper-	superior, enorme
hipo-	inferioridad
infra-	debajo de
pos-, post-	posterioridad
pre-	anterioridad
re-	de nuevo, otra vez
sub-	por debajo de
super-, supra-	por encima de
vice-	en lugar de

Ref. pág. 93

1. presidente: ....
2. responsable: ....
3. constitucional: ....
4. tolerable: ....
5. tensión: ....
6. presidente: ....
7. ministro: ....
8. marido: ....
9. posible: ....
10. editor: ....

11. crítico: ....
12. sensible: ....
13. valorado: ....
14. cónsul: ....
15. desarrollado: ....
16. conquistar: ....
17. marino: ....
18. bélico: ....
19. iniciar: ....
20. cocinado: ....

10 Elige cuatro palabras con prefijo y escribe una frase con cada una de ellas.

1. ....
2. ....
3. ....
4. ....

11 Te presentamos tres historias mágicas que se han mezclado. Organízalas correctamente.

1. Cuenta la leyenda que el Toledo árabe era rico y tenía esplendor. Uno de los ejemplos más bellos de su arquitectura es la mezquita del Cristo de la Luz, curioso nombre para un templo "infiel".

2. El rey ordenó abrir la pared ante la que su caballo se comportaba de una manera tan extraña: allí encontraron un Cristo de madera escondido con una vela encendida después de tres siglos.

3. Se dice que los brujos también adivinaban el futuro: el consultor debía abrir un libro por un cierto lugar y lo que allí estuviera escrito venía a ser una descripción de su futuro.

4. Alfonso VI reconquistó la ciudad de Toledo. Cuando entraba triunfante en la ciudad, ocurrió algo muy misterioso: su caballo, al pasar por delante de la mezquita, se arrodilló.

5. En una mezquita se dijo la primera misa después de la reconquista de la ciudad y hoy es uno de los más bellos ejemplos de arquitectura árabe y de interculturalidad de Toledo.

6. … para eso ha de soportar terribles pruebas, pues al acercarse a ellas dejarán de ser bellísimas mujeres para convertirse en serpientes y el hombre deberá dejarse abrazar y besar por ellas.

7. En el País Vasco, muy cerca de Francia, encontramos el pueblo de Zugarramurdi, famoso desde el siglo XVII por ser lugar de reunión de brujos y brujas para celebrar aquelarres. La Inquisición ordenó ajusticiar a varias personas, acusándolas de brujería, pero lo cierto es que la mayoría de las veces eran grandes conocedores del poder de la naturaleza y de sus remedios para curar todo tipo de enfermedades, por lo que la gente del pueblo acudía a ellos para sanarse.

8. En los Picos de Europa habitan, según cuenta la leyenda, numerosos seres fantásticos. Uno de ellos es el espantoso Cuélebre, una especie de serpiente enorme con alas y escamas que se alimenta tanto de hombres como de ganado y que solo duerme la noche de San Juan.

9. Además del Cuélebre están las Xanas, seres fantásticos y bellísimos que habitan en las fuentes y las cuevas. Se cubren con velos y gasas transparentes y pueden ser vistas jugando a los bolos en las mañanas de San Juan. En principio eran seres humanos que, por algún hechizo, han perdido esa condición y solo la recuperarán si un hombre, por San Juan, decide casarse con ellas pero…

1. La leyenda de Toledo: ....

2. La leyenda sobre las Xanas: ....

3. La leyenda sobre los brujos y las brujas: ....

AHORA HABLA
expresión oral

12 Leed la información acerca de estas cuestiones polémicas y discutidla. Al final exponed al resto de los grupos vuestra postura.

EL HECHO	LAS CAUSAS	LAS CONSECUENCIAS	CONTRAARGUMENTOS
1. A pesar de la tecnología que tenemos a nuestro alcance, seguimos ligados a la superstición, a los horóscopos, al tarot…	Necesitamos creer que la suerte existe y además necesitamos conjurarla.	Perdemos tiempo y dinero en adivinar qué nos va a pasar.	Algunas personas pierden el contacto con la realidad y se dejan llevar por la superstición.
2. Internet, postales electrónicas, control remoto de electrodomésticos, videoconferencias…	El desarrollo de la tecnología es rápido, imparable e ilimitado.	Nuestro mundo se organizará desde ordenadores cada vez más cómodos, pequeños y ligeros.	Cada vez somos más individualistas, con menos vida social y menos tiempo para disfrutar.
3. La clonación es un hecho hoy entre la comunidad científica.	El avance en la ingeniería genética es imparable.	Según los científicos, muchas enfermedades consideradas incurables tendrán remedio.	¿Y si un día se clonaran seres humanos?
4. Hay un espectacular aumento de las consultas a los adivinos, brujos…	La gente sigue buscando respuestas a las eternas preguntas.	Cada vez son más las personas dedicadas a este negocio.	Hay muchos abusos y estafas. Algunas personas no son capaces de tomar decisiones sin consultar con su/s adivino/s.

13 Aquí tenéis una lista de supersticiones comunes en España. ¿Creéis en alguna de ellas? ¿Coinciden con algunas de vuestro país?

Da mala suerte:
ver un gato negro
derramar sal en la mesa
abrir un paraguas en un sitio cerrado
pasar por debajo de una escalera

Da buena suerte:
encontrar un trébol de cuatro hojas
pisar un excremento
ponerse una prenda del revés

¿Sabes?

A veces, en medio de un debate o discusión, podemos ser excesivamente apasionados. Luego, hay que disculparse:
Lo siento, yo no quería ofenderte, solo quería…
Lo que realmente quiero (quería) decir / ocurre es que…
Creo que no me he explicado (que no me han entendido) bien…

14 Une las siguientes frases y expresa causa, consecuencia y finalidad.
Tendrás que hacer algunos cambios.

Cada vez hay más adictos al tabaco.
Los presupuestos de la salud pública para enfermedades crónicas han aumentado mucho.

....

....

Ser muy supersticioso.
Visitar a un vidente antes de tomar decisiones importantes.
Decir lo que tiene que hacer.
Evitar responsabilidades si las cosas van mal.

....

....

....

Ser un gran pintor.
Sus cuadros son impactantes; no puedes dejar de mirarlos.
Estar colocados a gran altura, casi en el techo. Potenciar sus efectos.

....

....

....

15 Ahora une estas frases de dos formas diferentes: en una tienes que expresar causa
y en la otra consecuencia.

Ganar mucho dinero. Comprar muchas cosas.

....

....

Ser muy buen estudiante. Sacar buenas notas.

....

....

16 Cuenta brevemente una leyenda o superstición que conozcas.

....

....

....

....

UN POCO DE TODO

a jugar

17 Escribe rápidamente dos palabras clave para definir las siguientes profesiones. Después compara tus resultados con los de tu compañero.

> ASTRÓNOMO: ....
>
> ARQUITECTO: ....
>
> DENTISTA: ....
>
> AZAFATA: ....
>
> ALBAÑIL: ....
>
> FONTANERO: ....
>
> BOMBERO: ....
>
> CURA / SACERDOTE: ....

18 Elige la opción correcta y descubrirás algunas expresiones típicas en español. Fíjate en los dibujos, te darán una pista.

1. Habla tanto que vuelve loco a cualquiera. Es que realmente habla…

    a) por la boca. ☐   b) por las manos. ☐   c) por los codos. ☐

2. Como es más falso que … nadie le cree.

    a) Judas. ☐   b) los políticos. ☐   c) la hermana. ☐

3. Estábamos tan agobiados con la mudanza que nos olvidamos de llamarte. Se nos fue…

    a) la cabeza. ☐   b) la idea. ☐   c) el santo al cielo. ☐

4. A pesar de su enfermedad, como hace mucho deporte y cuida mucho su alimentación, está como…

    a) un deportista. ☐   b) un roble. ☐   c) un mosquito. ☐

5. Es tan imprudente que siempre se mete en…

    a) la nevera. ☐   b) la boca del lobo. ☐   c) batallas. ☐

19 Corrige los errores.

1. Como esté enfermo no quiere venir.

   ....

2. Se he roto una pierna por corriendo demasiado.

   ....

3. He venido para que los niños no estar solos.

   ....

4. Estoy trabajando gratis en un laboratorio de manera que tenga experiencia y pueda irme a estudiar al extranjero el próximo año.

   ....

   ....

5. Dada que ella está muy cansada, nos quedaremos en casa.

   ....

6. El cine es más una industria que un arte o una ciencia por manejando mucho dinero.

   ....

7. Las sectas son muy peligrosas de manera que influyen negativamente en sus seguidores.

   ....

8. La literatura es otra forma de contar la historia como también nos describe la sociedad y los hechos de determinados momentos históricos.

   ....

   ....

9. Es tan listo y diplomático para que enseguida ha ascendido en la empresa.

   ....

20 Escribe cada palabra subrayada con un prefijo y observa cómo cambia el significado de las frases.

1. El ministro dijo que era tolerable la sensibilidad con los afectados.

   ....

2. La hipertensión es un problema bastante valorado.

   ....

3. Su marido era muy tolerante; apreciaba a sus trabajadores.

   ....

6 AUNQUE NO LO VEAS, CRÉELO

Expresar hipótesis, deseos, condiciones. Dar consejos. Conectores condicionales y concesivos.
Cine, teatro, literatura. Siglas y abreviaturas.

1 Observa la escena y lee.

2 Completa el vocabulario con más palabras relacionadas con el cine.

Vocabulario

cámara ....
claqueta ....
atrezo ....
figurante ....
jirafa ....
maquillador ....
rodaje ....

2)

3 Escucha lo que se dice sobre la obra *La vida es sueño*, de Calderón de la Barca, y marca verdadero o falso.

	Verdadero	Falso
a) Segismundo es un príncipe polaco.	☐	☐
b) Su madre está obsesionada con lo que predicen las estrellas. Ella muere cuando él nace.	☐	☐
c) Su padre le libera y Segismundo se convierte en un ladrón.	☐	☐
d) Finalmente Segismundo se convierte en rey y no mata a su padre.	☐	☐

3)

4 Escucha los comentarios sobre la representación de esta obra y subraya las palabras que oigas.

protagonista	autor	actriz	personaje	argumento	tema
escritor	poeta	editorial	críticas	edición	teatro
escenario	público	lectores	ensayo	críticos	telón
camerino	acústica	actores	interpretación	monólogo	decorados

1. ¿Dónde se está representando la obra?

....

2. Según el Sr. Pérez, ¿qué tema trata esta obra?

....
....

Ser un clásico.
Asistir al estreno.
Ponerse en escena.
Puesta en escena.
Tener tablas en algo.
Las apariencias engañan.
Ser la niña bonita de.

5 Completa el texto con las palabras del recuadro.

reparto	doblaje	secundarios
extras	productor	principal

El .... de esta película es excelente; está lleno de actores de gran talento; me encanta el protagonista, el actor ....; pero además "la peli" tiene unos .... muy buenos. Creo que el .... ha invertido mucho dinero y que tuvo que contratar a muchísimos .... Sin embargo, lo que no me ha gustado nada es el .... Será porque en general no soporto las películas dobladas.

6 Lee este fragmento de un guión cinematográfico.

> **Ana:** *Si hubieras venido conmigo, nos habríamos divertido mucho.*
>
> **Alberto:** *Pues aunque no te lo creas, yo también me divertí mucho aunque no estuve contigo.*
>
> **Ana:** *¡Vaya! ¡Qué lástima! Mañana hay otra fiesta y me encantaría que me acompañaras. Además, si vienes te invito.*
>
> **Alberto:** *No, estoy harto de que dependas tanto de mí. Te aconsejo que empieces a ser más independiente.*

Escribe las frases del guión que sirven para...

- expresar oposición / objeción: ....

- aconsejar: ....

- expresar deseos: ....

- poner condiciones / hacer hipótesis: ....

....

¿Sabes?

Expresar una **condición irreal**, imposible **en el pasado**:
Si **hubieras venido** a tiempo, **habrías** / **hubieras** visto la película.
Si no **hubieses tenido** el accidente, ahora te **dejaría** el coche.

En las oraciones condicionales, se puede emplear el Imperfecto de Indicativo en vez del Condicional Simple:
Si no **hubieras tenido** el accidente, ahora te **dejaba** el coche.
Si yo **fuera** tú, **iría** / **iba** sin dudarlo.

Ref. pág. 93

G

7 Relacionad y formad frases. Después, comentad por qué en algunos casos son posibles dos tiempos verbales.

1. Si te hubiera visto alguna vez
2. Aunque está / esté enfermo
3. Aunque estuviera / estaba triste
4. Si hubiera sabido lo que iba a pasar
5. Aunque has terminado / hayas terminado
6. Aunque mañana llegues temprano
7. Aunque tuviera un examen

nunca habría / hubiera venido.
te recordaría.
ya no la verás.
tienes que esperarme.
sigue viniendo a clase.
no lo parecía.
no estudiaba.

8 Elimina la única posibilidad incorrecta.

Ana: Luis, si dejaras de leer esos libros de autoayuda y (…) más, me (…) feliz.

 a) salieras / hacías   b) salieras / habrías hecho   c) salieras / harías

Pedro: Me gusta el cine pero si (…) a ver una película de terror, no (…) dormir.

 a) hubiera ido / habría podido b) hubiera ido / hubiera podido   c) hubiera ido / había podido

Pablo: Pepe, si dejas de ver películas de ciencia-ficción y (…) más, me (…) contigo al gimnasio.

 a) estudias / voy   b) estudiaras / iré   c) estudias / iré

Antonio: Si (…) el examen me iré a la Patagonia. Es el viaje de mis sueños.

 a) apruebo   b) aprobaré   c) consigo aprobar

Ref. pág. 93

9 Sustituye en las frases anteriores, de forma oral, la partícula *si* por otro conector condicional. Consulta el Apéndice Gramatical.

¿Sabes?

De + Infinitivo → condición.

Ref. pág. 93

10 ¿Qué deseos tienen Ana, Pablo y Antonio? ¿Qué consejos les darías para conseguir alcanzarlos?

quiere / desea / quisiera / le gustaría que…   Te recomiendo / aconsejo

Deseos:	Consejos:
Ana	....
....	....
....	....
Pablo	....
....	....
....	....
Antonio	....
....	....

Ref. págs. 108-109

FÍJATE BIEN

ortografía / fonética: siglas y abreviaturas

11 Relaciona cada sigla con su significado.

> ¿Sabes?
>
> Las siglas son palabras que se forman con las letras iniciales de una serie de palabras. Siempre se escriben con mayúscula.
>
> ONU → Organización de las Naciones Unidas.

UE

AVE

RENFE

SP

OTAN

SIDA

IVA

DNI

UCI

MERCOSUR

Servicio Público

Unión Europea

Síndrome de Inmunodeficiencia Adquirida

Alta Velocidad Española

Impuesto sobre el Valor Añadido

Red Nacional de Ferrocarriles Españoles

Documento Nacional de Identidad

Organización del Tratado del Atlántico Norte

Mercado Común del Sur

Unidad de Cuidados Intensivos

12 Escribe la palabra o expresión a la que se refiere cada una de estas abreviaturas.

1. EE. UU. ....
2. a. C. ....
3. d. C. ....
4. S. A. ....
5. Cía. ....
6. s. n. ....
7. P. D. ....

> ¿Sabes?
>
> Una abreviatura representa una palabra a través de una o algunas de sus letras. Siempre termina en punto.
>
> página → pág.

TU LECTURA

13 Lee este texto sobre el sueño y la realidad. Después contesta a las preguntas.

"Como en tantas y tantas de sus pesadillas, empezó a huir, despavorido. Las botas de sus perseguidores sonaban y resonaban sobre las hojas secas. Las omnipotentes zancadas se acercaban a un ritmo enloquecido y enloquecedor.

Hasta no hace mucho, siempre que entraba en una pesadilla, su salvación había consistido en despertar, pero a esta altura los perseguidores habían aprendido esa estratagema y ya no se dejaban sorprender.

Sin embargo esta vez volvió a sorprenderlos. Precisamente en el instante en que los sabuesos creyeron que iba a despertar, él, sencillamente, soñó que se dormía."

Mario Benedetti, *Despistes y franquezas,* Alfaguara, 1997.

a) Escribe todas las palabras relacionadas con el sueño. ¿De dónde procede la palabra *pesadilla?*

....

....

b) ¿Qué crees que es este fragmento: el relato de una pesadilla, la obsesión de alguien, el inconsciente de una persona…?

....

....

14 Lee este pequeño texto del escritor español Galdós y responde a las preguntas.

"Ahora me río yo de mi ridícula vanidad de ciego, de mi necio empeño de apreciar sin vista el aspecto de las cosas. Creo que toda la vida me durará el asombro que me produjo la realidad … ¡La realidad! … ¡Viva la realidad!"

Benito Pérez Galdós, *Marianela,* Alianza Editorial (2001).

a) ¿A qué se referirá el personaje con *la realidad?*

....

b) En español hay una expresión que dice "Si no lo veo, no lo creo"? ¿A qué se refiere? ¿Estás de acuerdo con ello?

....

....

AHORA HABLA
expresión oral

15 El gabinete psicológico. Escoged uno de los siguientes tipos de personas. Todas tienen un problema con su percepción de la realidad.

Ahora caracterizad a vuestro personaje, contad al resto de la clase cómo es, qué hace, qué problemas tiene, cuáles son sus deseos. Después, los demás os darán consejos para resolver sus problemas.

> *enfermo / dominante / deprimido / poco fiable / obsesivo / neurótico*

16 En líneas generales, don Quijote y Sancho representan el estereotipo del idealista y el realista. Comentad las siguientes cuestiones y después exponed vuestras conclusiones.

- ¿Se puede vivir sin ideales? ¿Es ingenuo tener ideales?

- ¿Qué carácter es mejor: el realista o el idealista?

- ¿Los realistas siempre son pesimistas y los idealistas siempre son optimistas?

17 ¿A favor o en contra? Formad grupos para defender o no las siguientes ideas.

- Las apariencias engañan. Nada es lo que parece.

- Vivimos bajo un destino. En realidad el mundo es un teatro en el que representamos un papel que nos han asignado.

AHORA TÚ
práctica global

18 Vamos a hacer un corto: a diseñarlo, a escribirlo y a representarlo. El resto de los alumnos será el jurado de las obras de sus compañeros.

1. ¿Cuáles son los pasos a seguir? Organizad la siguiente lista de tareas antes de empezar a desarrollarlas. Después repartíos el trabajo:

PERSONAJES	PRODUCCIÓN
RODAJE	MÚSICA
CÁSTING	REPARTO
GUIÓN	VESTUARIO
MAQUILLAJE	MONTAJE

2. La tarea final es la representación escénica de la obra.

19 Marca la opción adecuada.

1. *Como / si* no vengas al estreno de la nueva obra de Carmen no te *vuelvo / vuelva* a hablar.

2. *A condición de que / salvo si* ves la versión original, no *entenderás / entendiste* nada.

3. Iremos a la representación de esta comedia *a cambio de que / si* me llevas a ver la última película de Almodóvar.

4. *Salvo que / a condición de que* prorroguen la representación no *consigamos / conseguiremos* entradas.

5. La obra original siempre es más interesante *a no ser que / en caso de que* no se sepa nada de la lengua ni de la cultura de la que se habla.

6. *Si / con que* me expliques el argumento *creo / crea* que ya puedo hacer el artículo.

7. *De / si* haber leído las críticas nunca habríamos ido a ver la nueva versión de este clásico.

8. *Con tal de que / de* fijarse únicamente en las listas de ventas nunca le habrían dado el premio Cervantes, pues casi es un escritor de culto.

20 Sustituye la partícula *si* por *aunque* (o alguno de sus sinónimos) y haz los cambios necesarios.

- Si no voy te llamo. → ....

- Si tengo pesadillas gritaré. → ....

- Si no llego a tiempo no me esperéis. → ....

sesenta y tres **63**

UN POCO DE TODO

a jugar

21 Completa el siguiente crucigrama.

HORIZONTALES:

1. Aparato para grabar imágenes.

2. Persona que no es un actor ni actriz profesional pero que actúa esporádicamente en una película sin decir nada.

3. Habitación de un teatro donde se acomodan y preparan los actores.

4. Persona obsesionada con sufrir alguna enfermedad.

5. Alguien que siempre ve el lado bueno de las cosas.

VERTICALES:

1. Calidad de sonido de una sala.

2. Gran micrófono que se utiliza para grabar los diálogos de los actores en el rodaje de una película.

3. Persona muy nerviosa y que suele tener mucha angustia.

4. Alguien que siempre quiere mandar.

5. Texto que recita solo una persona.

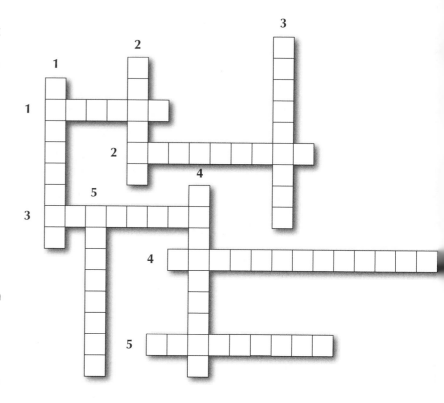

22 Conócete a ti mismo. Responde a la siguiente encuesta para ver qué tipo de persona eres. Tu profesor te dará al final las claves interpretativas.

1. Si una botella está a medias, dices que...

    a) Está medio llena. ☐

    b) Medio vacía. ☐

2. Si te tocara la lotería, ¿qué harías?

    a) Montar un negocio. ☐

    b) Guardar el dinero en el banco. ☐

3. Si pudieras elegir las próximas vacaciones, ¿adónde te irías?

    a) A un lugar exótico en tienda de campaña. ☐

    b) A un lugar tranquilo de la montaña, en un hotel pequeño. ☐

4. Si te quedas sin dinero en las afueras de la ciudad, ¿qué haces?

    a) Le explico la situación a cualquier persona para que me preste algo. ☐

    b) Intento llegar a casa caminando. ☐

PARA TERMINAR
repaso y autoevaluación

23 Descubre el intruso.

Aunque Ojalá Por más que Si bien	Deseo que Espero que A ver si Como	Si Con tal de que Si bien Excepto si
ONG OTAN ONU n.º	Idealista Soñador Inconsciente Realista	Extras Actor secundario Maquillador Actor principal

24 Completa las frases.

1. Si lo hubiera sabido antes ....

2. A pesar de lo que diga ....

3. A ver si ....

4. Nunca quiere venir con nosotros por más que ....

5. Yo que tú ....

6. Me encantaría que ....

7. Con tal de que ....

8. Como consiga este puesto de trabajo ....

9. Dáselo si ....

10. A menos que ....

11. A cambio de que ....

12. Te acompañaría al cine si ....

13. En el caso de que ....

14. Yo te aconsejaría que ....

25 Escribe el verbo en la forma correcta.

1. Ayer deseaba que ya *(resolverse)* .... el problema de mi hermano.

2. A ver si *(decir)* .... a los más pesimistas que me encantaría que *(tomarse)* .... la vida con un poco más de calma y que sería bueno que ya *(olvidar)* .... el problema. Si me *(hacer, ellos)* .... caso no tendrían tantos problemas de insomnio.

3. Yo que tú se lo *(contar)* .... a un psicólogo.

4. Aunque me lo *(decir)* .... antes de empezar yo nunca te *(creer)* ....

7 ¿ERES DE CAMPO O DE CIUDAD?

Describir distintos modos de vida. *Por / Para*. Pronombres personales. Posición del adjetivo. Preposiciones. Campo y ciudad.

1 Observa y lee.

2 ¿Conoces el significado de las palabras del vocabulario? Consulta a tu profesor.

Vocabulario

atasco
rascacielos
ciudad-dormitorio
granja
casa de campo
agobio

3 Escucha la entrevista que nuestro reportero hace a dos jóvenes.

Manhattan, Nueva York.

Castillo (Cáceres).

1. ¿Qué opina Javier de la gran ciudad?

....

....

2. Javier emplea la palabra *mogollón,* ¿qué crees que significa?

....

3. ¿A qué se opone "una pequeña ciudad de provincia"?

....

4. ¿Qué es lo que quisieran los jóvenes que cambiase? ¿Cuál es su propuesta de ocio?

....

....

....

5. Por lo que dicen los chicos, ¿qué es la "ley del botellón"? ¿Qué crees que significa "hacer botellón"?

....

....

6. ¿Qué términos o expresiones coloquiales se oyen en la entrevista?

....

....

Ser de campo / de ciudad.

Morirse de asco.

No te pases.

¡Qué va!

Todo tiene sus pros y sus contras.

Darle a la botella.

Precios prohibitivos.

4 Aquí tienes un pequeño informe de la evolución de la sociedad española. Complétalo con las palabras del recuadro.

gran	bonita	rural
competentes	verdadero	competitiva

Los españoles han dejado de ser un pueblo .... para convertirse en una civilización urbana. Los españoles, conocidos por el tipismo de sus pueblos, empezaron a abandonar estos pueblos **para** irse a la ciudad en los años 60. Los años 60 fueron los años de la apertura al exterior, **gracias,** en parte, **a** la presencia de numerosos turistas extranjeros. Esta época era la de comprar el pisito en la ciudad y el Seiscientos, el coche más moderno de la época. Los jóvenes de entonces, **para** ser felices, tenían que conseguir el pisito y el Seiscientos. Eran el máximo exponente de progreso. Si alguien no conseguía el pisito y el Seiscientos era una persona fracasada que nunca pertenecería a la .... ciudad. ¡............. manera de caracterizar a la gente! En los años 70 continuó la misma tendencia. Y en los años 80 se produjo otro cambio en la sociedad española. Se produjo la reconversión industrial. El gobierno, una vez consolidada la democracia, decidió modernizar la industria **ya que** si no modernizaba la industria España no podía llegar a ser un país desarrollado. Esto hizo perder el trabajo a muchas personas. **Por lo tanto** fue un proceso duro. Significaba un .... cambio en la estructura del país. **Sin embargo,** casi nadie se planteaba volver al pueblo. Y poco a poco se han ido consolidando los cambios. La actual producción española es bastante .... y los profesionales son bastante .... Ya no es una sociedad dependiente fundamentalmente de la agricultura. Ahora los sectores secundario y terciario son muy importantes y el nivel de vida de la gente ha mejorado mucho. Y se está produciendo un fenómeno curioso: la gente tiene su piso en la ciudad y además ha recuperado la casa de los abuelos en el campo para los fines de semana y las vacaciones. La segunda vivienda en el campo actualmente es signo de prosperidad.

1. Contestad a estas preguntas.

a) ¿*Bonita* y *verdadero* pueden colocarse detrás del nombre? ¿Significarían lo mismo en este texto?

....
....
....

b) ¿Para qué sirven las palabras en negrita?

....
....

2. Decid qué palabras se repiten y sustituidlas por un pronombre.

¿Sabes?

Hay diferentes tipos de pronombres: de sujeto y de objeto.

En español la colocación del adjetivo es bastante libre pero hay algunos casos en los que el hecho de ir antepuestos o pospuestos altera totalmente su valor.

Es un pobre hombre. / Es un hombre pobre.

Ref. págs. 95-96

5 Escribe junto a cada verbo la preposición que le corresponda (algunos pueden tener varias) y construye tres frases con tres de los verbos.

1. atreverse ....
2. acostumbrarse ....
3. arriesgarse ....
4. enamorarse ....
5. avergonzarse ....
6. ocuparse ....
7. acordarse ....
8. burlarse ....
9. acabar ....
10. negarse ....

A
CON
DE
EN

11. fijarse ....
12. conformarse ....
13. alegrarse ....
14. arrepentirse ....
15. reírse ....
16. renunciar ....
17. comprometerse ....
18. disfrutar ....
19. oponerse ....
20. aliarse ....

–...
–...
–...
–...

6 Fíjate en el *¿Sabes?* y marca la opción correcta.

1. Gracias **por / para** tu visita.
2. Este puente fue construido **por / para** los romanos.
3. Terminará de pagar la hipoteca del piso **por / para** el año que viene.
4. ¿No fue **por / para** el puente de mayo cuando cenamos juntos la última vez?
5. Ha comprado unos vaqueros **por / para** 50 €.
6. Compró seda azul **por / para** el vestido de la boda.
7. Esta niña baila muy bien el flamenco **por / para** su edad.
8. Llámala **por / para** mí.
9. **Por / para** llegar a la oficina, tienes que pasar **por / para** la glorieta de Bilbao.
10. Me voy **por / para** Madrid. ¿Vienes conmigo?

¿Sabes?

Algunos usos de *por* y *para*

1. Movimiento a través de un lugar, tránsito:
   Iba por la Calle Atocha cuando vi a Pedro.
2. Causa:
   Está en la cama por una gripe.
3. Finalidad, destino:
   Estudia español para hablar con los clientes.
4. Dirección del movimiento:
   Salgo para Toledo dentro de media hora.

Ref. pág. 97

FÍJATE BIEN

7 Fíjate en el mapa de España. Después trata de averiguar a qué lugar se refieren los gentilicios.

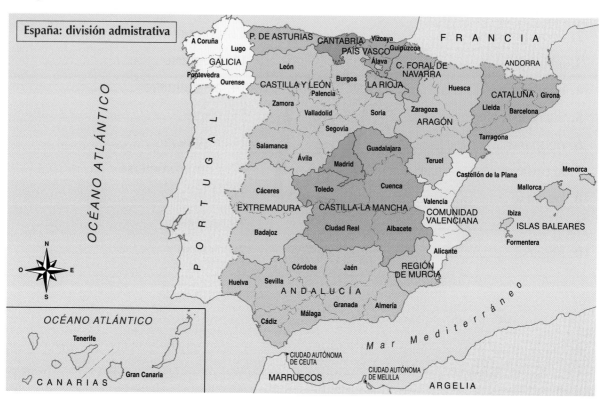

Salmantino.......................................

Vallisoletano ....

Vizcaíno ....

Riojano ....

Jiennense ....

Onubense ....

Leonés ....

Mallorquín ....

Barcelonés ....

Pacense ....

Abulense ....

Burgalés..

Lucense ....

Tinerfeño ....

8 Escribe cómo se llaman las personas que son de las siguientes ciudades o países.

1. Bogotá ....
2. Buenos Aires ....
3. Panamá ....
4. Honduras ....
5. Paraguay ....

6. Caracas ....
7. Lima ....
8. Ecuador ....
9. Guatemala.............................
10. Venezuela ....

9 Lee este texto sobre una ciudad del futuro. Léelo y contesta a las preguntas que siguen.

¿ALGUIEN SE HA PARADO A PENSAR QUE UN CIUDADANO PUEDE PERDER DOS AÑOS DE SU VIDA INTENTANDO APARCAR EL COCHE?

Tres arquitectos españoles han inventado un edificio que supera todo lo imaginable y lo inventado hasta ahora: es una especie de rascacielos de más de 1.200 metros con capacidad para ser habitado por 100.000 personas. Es la Torre Biónica. Pero la apariencia engaña, no es una simple torre, es una ciudad vertical, llena de luz y naturaleza.

En realidad no es un rascacielos. Es casi lo contrario: es un proyecto inspirado en la naturaleza, un edificio en el que predomina la luz, se respira el aire exterior y crecen los jardines en su interior. El nombre Torre Biónica se corresponde con la ciencia biónica, una disciplina que nació hacia los años sesenta en Rusia, aplicada generalmente en ingeniería y ahora en arquitectura, que suma conocimientos de física, ingeniería, química, radiotécnica, psicología, biofísica, y nace del estudio de los sistemas resistentes y vitales de los seres y formas de la naturaleza.

El proyecto nace con el propósito de solucionar los problemas de hacinamiento y superpoblación que sufren algunas zonas del planeta. Hay algún precedente de este tipo de arquitectura en Rusia y en Asia. Y sus creadores están convencidos de que los modelos urbanos convencionales han de sufrir un profundo cambio; hay que empezar a pensar en el urbanismo vertical y construir nuevas ciudades tomando como modelo los bosques. Exactamente dicen que "hay que encontrar paralelismos entre la lógica de la naturaleza y la lógica arquitectónica". El progreso exige una simbiosis entre arquitectura, ingeniería y naturaleza. Y de hecho este proyecto no se construye con la técnica usada para hacer un rascacielos. Eso sería inviable económicamente e inseguro estructuralmente. Se presenta con una nueva técnica que copia el crecimiento de algunas especies vegetales.

El País Semanal, 28 de enero de 2001 (texto adaptado).

10 Escoge la respuesta correcta.

1. Esta construcción se llama Torre Biónica porque…

☐ es una torre con muchos laboratorios.

☐ nace del estudio de muchas disciplinas y de la observación de la naturaleza.

☐ soluciona los problemas de hacinamiento.

2. El proyecto está concebido de manera diferente a un rascacielos porque…

☐ los rascacielos son más grandes.

☐ estructuralmente resultaría inseguro.

☐ se busca una estética y ambiente distintos.

AHORA HABLA

expresión oral

11 ¿Os consideráis ciudadanos del mundo? ¿Sois cosmopolitas?

Vista aérea de Madrid.

Puerto de Barcelona.

De Madrid al cielo

Amsterdam la Venecia holandesa

Nueva York la ciudad de los rascacielos

París capital internacional de la moda

Roma la ciudad eterna

Moscú la capital de los zares

– ¿A qué asociáis cada una de estas ciudades: a una imagen, a un color, a un olor, a un perfume, a un sabor, a una comida, a cierta música, a un contexto muy especial…?

12 ¿Cómo creéis que serán las ciudades del futuro?

13 Si creéis tener imaginación y curiosidad científica, no dudéis en contestar a este anuncio. Esforzaos en exponer un proyecto interesante.

Somos M.A., famosa compañía de creación de prototipos para la vida en el futuro espacial. Si quieres colaborar con nosotros, diseña un proyecto de ciudad fuera de la Tierra, en la Luna. Si te escogemos, quizá algún día una de sus calles lleve tu nombre. M.A.

AHORA TÚ
práctica global

14 Completa con la preposición adecuada.

1. No nos damos cuenta .... que la vida en la ciudad es demasiado rápida: hay que llegar .... tiempo a todos los sitios, ocuparse .... muchas cosas a la vez y, al final, tu salud lo nota.

2. Acaba .... llegar y ya está muerto .... asco: que si hay mucho ruido, que si no le caen bien sus nuevos vecinos, que si la casa no es bonita... Mucho me temo que no se va .... acostumbrar .... vivir en un pueblo como éste.

3. Primero se negó .... aprender la lengua, después se empezó a quedar .... casa todos los días y al final renunció .... la posibilidad .... vivir en otro país. Supongo que dentro de unos años se arrepentirá .... no haber aprovechado bien esta oportunidad.

4. En una ciudad como esta me conformo .... tener un pequeño apartamento y .... poder contemplar las estrellas .... mi terraza: eso me recuerda mi infancia .... el pueblo, llena .... luz y naturaleza.

5. Ana se ha comprometido .... limpiar el coche. Me alegro .... que lo haga ella, pues yo debo ocuparme .... otros asuntos.

15 Completa con *por* o *para,* según convenga.

1. Todas las mañanas, Luis da un paseo .... el parque del Retiro. Después coge el autobús .... ir a la oficina.

2. ¿Todavía estás aquí? Yo pensaba que esta tarde salías .... Caracas.

3. ¿Juana y Manuel? Se conocieron .... el año 1997.

5. Al final me quedé en casa .... el temporal que caía. La verdad es que no me apetecía nada mojarme.

6. Es impresionante ver cómo hay gente en este mundo que solo se mueve .... interés y .... dinero.

7. Juan, dile al jefe que tengo muchísima fiebre, que no voy a trabajar hoy; ve tú .... mí a la reunión.

8. Granada fue reconquistada .... los cristianos en el año de 1492.

9. –¿Hace falta comprar más pan? –No creo, ... los que somos, hay suficiente, ¿no te parece?

10. A ver, tómate el zumo de naranja. Ya sé que a ti no te gusta, pero hazlo .... mí.

11. Menos mal que en el mundo hay muchas personas que están luchando .... la igualdad de derechos entre hombres y mujeres.

12. –¿Sabes cuándo saldrá la última novela de Milagros de Pedro? –Creo que .... septiembre estará en las librerías.

16 Lee el siguiente texto y rellena los huecos para completar el crucigrama.

El fin de semana pasado hicimos una excursión. Aunque salimos temprano, había mucho (1) ...., así que tardamos más de una hora en salir de la (2) .... Dejamos atrás los (3) ...., la (4) .... y el (5) .... de la gran ciudad. Unas horas después paramos en un restaurante de Segovia y probamos algunos platos típicos (6) .... ¡Qué buenos!

Por la tarde llegamos a nuestro destino: un pequeño (7) .... en la costa de Asturias. El paisaje de esa zona es precioso y los (8) .... son muy simpáticos. Después de pasar el fin de semana disfrutando del (9) .... y del aire (10) ...., no teníamos ganas de volver a la ciudad.

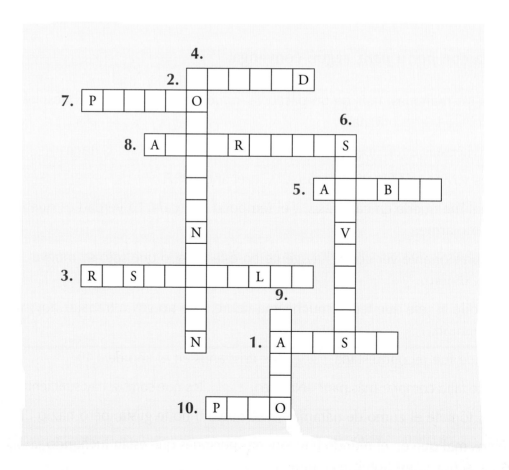

17 Completa con la preposición adecuada.

1. Dice que vendrá o no dependiendo .... tráfico, pero que está muy nervioso y no quiere que nosotros nos enfademos.

2. Salió .... coche y entró .... el teatro rápidamente.

3. Se enfrentó .... su jefe porque le estaba dando demasiado trabajo.

4. Sueña .... un mundo mejor en el que no haya guerras.

5. Se ha acostumbrado .... que sus hijos siempre lleguen tarde.

6. Se conforma .... que no beban tanto.

7. Dice que se avergüenza .... llegar siempre tarde al trabajo pero no hace nada para cambiar.

8. ¿Te has dado cuenta .... que casi perdemos el tren?

9. Ellos solo se ocupan .... la casa los fines de semana.

10. Dice que vivir .... el pueblo le gusta mucho.

18 Buca los errores en estas frases y corrígelos.

1. A mis hermanas no las gusta el fútbol.

....

2. Tienes que leer este libro. ¿Quieres que te le preste?

....

3. –¿Has cogido los libros?

–Sí, les llevo en la mochila.

....

19 Relaciona las dos columnas para indicar los valores de *por* y *para* en estas frases.

1. Tengo que ir a comprar un regalo para Miguel.

2. Hemos venido por el Paseo de la Habana.

3. Este año por mi cumpleaños quiero invitar a mis amigos.

4. Las obras estarán terminadas para la próxima semana.

5. Los libros importados han llegado por barco.

MEDIO

FECHA APROXIMADA

DESTINATARIO

FECHA TOPE

LUGAR DE TRÁNSITO

8 DONDE DIJE DIGO, DIGO DIEGO

Reproducir lo dicho por otros: sistematización del estilo indirecto. Los medios de comunicación. Repaso de las reglas de ortografía.

1 Observa y lee.

2 ¿Qué es la prensa sensacionalista? ¿Sabes lo que es la prensa rosa? Completa el vocabulario.

....

....

....

Vocabulario

editorial ....

columna ....

portada ....

emisora ....

canal ....

titular ....

PARA EMPEZAR
comprensión oral

(5)

3 **Escucha y completa estas conversaciones.**

CONVERSACIÓN 1

—Buenos días, ¿es usted doña Margarita?

—¿Juanita? .... Juanita es la vecina.

—Bien, bien, si yo preguntaba por Margarita y lo que...

—Oiga, joven, ... Si quiere hablar ...., ...
A ver, ¿qué quiere usted?

—Verá, soy Iñaki Parrondo, de la cadena Onda Alta, y le ha tocado un premio de 3.000 euros.

—¿Cómo dice joven?

— Que ....

—Un precio de 3.000 euros, pero... precio... ¿de qué? Yo no les ....

—No, no, señora. ....

—¿Que he gastado 3.000 euros? Imposible, yo soy una persona ....
Lo veo y lo ....

—Pues eso, que como ...., le ha tocado un
premio de 3.000 euros en nuestro último sorteo.

—Ay, que me ....

—Y ahora ... ¿qué le pasa? ¿Le duele algo? ....

—... Pero usted... ¿quién se ha creído que es?

—No, no, señora, por favor. ....

CONVERSACIÓN 2

—Dile a papá ....

—Papá, dice mamá que ....

—Dile que ...., que estoy .... Pregúntale ....

—Mamá, que dice papá que ....

—Dile .... ese documental maravilloso que ....

—Dice mamá que .... en la tele ese documental que ....

—¡Pero si .... hoy! Pregúntale ....
y si... Juanito, ¿dónde estás? .... ¿Oye?

Corte publicitario.
Sección de opinión.
Cartas al director.
Índice de audiencia.
Suplemento dominical / cultural.
Corresponsal de guerra.

A TRABAJAR

4 **Reproduce este texto en estilo indirecto.**

• Terminad esto y traédmelo cuando hayáis terminado. Después, si queréis, podéis iros a casa. Mañana será un día muy duro y quiero que vengáis pronto a la oficina.

DICE / HA DICHO QUE ....

....

....

• Últimamente los llamados programas del corazón están teniendo cada vez más éxito entre los telespectadores. Tienen unos índices de audiencia muy altos.

DIJO QUE ....

....

....

¿Sabes?

Recuerda:
Si en estilo directo el verbo está en Indicativo, en el estilo indirecto se mantiene el Indicativo.

Ha venido. → Dice que ha venido. / Dijo que había venido.

Si en estilo directo el verbo está en Imperativo, en el estilo indirecto se transforma en Subjuntivo.

Comed. → Dice que comamos. / Dijo que comiéramos.

Algunos verbos cambian al transformar el estilo directo en indirecto.

Venir → Ir   Traer → Llevar

Ref. pág. 96

5 **Leed estas frases. En dos de ellas hay una opción que no es posible. ¿Cuál? ¿Por qué?**

1. Dijo que *estudiaba / estudia* Derecho cuando conoció a su mujer.

2. Dijo que ahora *estudiaba / estudia* Derecho.

3. Dijo que *vendría / vendrá* mañana a verte.

4. Dijo que *iría / irá* al cine, pero al final no pudo ir.

....

....

....

6 **Elige la opción correcta.**

1. Juan ha dicho que vayamos a verle.

☐ a) "Venid a verme."

☐ b) "Vamos a verle."

2. Pensábamos que tal vez nos hubiéramos equivocado.

☐ a) "Tal vez nos equivocásemos."

☐ b) "Tal vez nos equivoquemos."

3. Le dijimos que iríamos pronto a su casa.

☐ a) "Íbamos pronto a tu casa."

☐ b) "Iremos pronto a tu casa."

4. Nos dijo que siempre nos escuchaba en la radio.

☐ a) "Os escucho en la radio."

☐ b) "Os escuché en la radio."

5. El jefe le dijo a Laura que fuese a su despacho.

☐ a) "Ven a mi despacho."

☐ b) "Venga a mi despacho."

7 **Clasifica las siguientes palabras. Algunas van con más de un grupo.**

editorial / plató / estudio / emisora / canal / portada / columna
enviado especial / suplemento / locutor / presentador / reportaje
grabación / programa / oyentes / artículo / titular / tirada
dial / telespectador

PRENSA	RADIO	TELEVISIÓN

FÍJATE BIEN

8 Completa con *b* o *v*.

1. ca....ra   6. in....ertir

2. cam....iar   7. nie....la

3. am....os   8. ....lancura

4. ham....re   9. ama....le

5. in....ierno   10. ce....ra

(16)

 9 Escucha y copia las palabras que oigas.

1. ....   6. ....

2. ....   7. ....

3. ....   8. ....

4. ....   9. ....

5. ....   10. ....

(17)

 10 Escucha y marca las palabras que oigas.

1. ceso / seso

2. cierro / sierro

3. azar / asar

4. zumo / sumo

5. lisa / liza

6. siervo / ciervo

7. caza / casa

8. poso / pozo

(18)

 Ahora escucha estas mismas palabras pronunciadas por una venezolana.

TU LECTURA

11 **Lee la siguiente entrevista sobre la prensa gratuita en España.**

1. **¿Por qué sois gratis?**
   Porque Internet ha hecho que la información sea ya accesible para todo el mundo y no algo por lo que haya que pagar. Porque, al ser gratuitos, sabemos que ganamos un gran número de lectores, lo que nos convierte en un medio de masas, más cercano en su impacto a la radio o la televisión que a la prensa de pago, que tiene tiradas muy cortas.

2. **¿Hay diarios gratuitos en otras ciudades?**
   Muchos, en todos los países desarrollados. En Europa hay más de 40. Los diarios gratuitos se han convertido en la mayor revolución en la prensa en los últimos años.

3. **¿En qué os parecéis a los diarios de pago?**
   En el formato, en el papel, en la información que damos (internacional, nacional, economía, sociedad, local, deportes, cultura…), en el tiempo que nos dedica el lector, etc.

4. **¿En qué os diferenciáis de los diarios de pago?**
   En que cobramos solamente a las empresas anunciantes, en que ofrecemos informaciones breves y fáciles de leer, en que damos mucha más información útil y en que no somos un diario reflejo de una determinada ideología sino un diario para todos.

5. **¿Cómo son vuestros lectores?**
   Jóvenes (el 40% tiene 29 años o menos), activos (más de la mitad trabaja), urbanos y con formación (el 27% tiene estudios universitarios). Y nos leen tantas mujeres como hombres.

6. **¿Funciona igual la publicidad en un diario gratuito que en uno de pago?**
   Funciona incluso mejor, porque el lector percibe que el periódico es gratis gracias a los anunciantes.

7. **¿Quitáis lectores a la prensa de pago?**
   No. En España solo el 11% de la población compra diarios. Nuestros lectores pertenecen fundamentalmente al 89% restante.

8. **¿Quitáis publicidad a la prensa de pago?**
   No. Para los anunciantes tenemos la ventaja de que llegamos a un público al que no llegan los diarios de pago.

9. **¿Cómo han reaccionado los periódicos de pago ante vuestra aparición?**
   Con un miedo injustificado. En los países donde hay periódicos gratuitos desde hace varios años han aumentado los lectores y la publicidad.

10. **¿Quién distribuye el diario?**
    Centenares de jóvenes, la mayoría universitarios que antes de ir a sus clases lo entregan en mano a todos los que pasan por nuestras zonas de reparto, como por ejemplo en las bocas de metro.

20 Minutos, Madrid, 4 de febrero de 2002 (texto adaptado.)

12 **Ahora que conoces la prensa gratuita, escribe tu opinión sobre ella.**

....
....
....
....

AHORA HABLA

13 Contesta a estas preguntas.

a) ¿Compras habitualmente el periódico?

b) ¿Consultas la prensa en Internet?

c) ¿Qué tipo de prensa te gusta?

d) ¿Qué opinas de la prensa sensacionalista, también llamada "amarilla"?

e) ¿Estás a favor de la prensa rosa?

14 A debate. Formad grupos a favor o en contra de la siguiente cuestión.

¿CREÉIS QUE LOS MEDIOS DE COMUNICACIÓN OFRECEN UNA INFORMACIÓN FIABLE, O EXISTE CASI SIEMPRE CIERTA MANIPULACIÓN?

¿Sabes?

Para referirnos a las palabras de otros:
- X dice que…
- Según… (tú, el jefe, el periodista…)
- A (tu / su…) entender / Al entender del…
- Según lo que dice X, …
- Con relación a / Respecto a lo que dice X, …

15 Escoged uno de los medios de comunicación de masas: prensa, radio y televisión, y explicad a la clase cómo es cada uno, así como los pros y los contras que tienen en vuestra opinión.

AHORA TÚ
práctica global

16 Elaborad un pequeño diario. Después lo expondréis a la clase. Tenéis que hacer lo siguiente.

> - Inventad un nombre para el periódico.
> - Escribid una muestra de cada una de las secciones típicas de un diario.

a) diseño de la portada: titulares

b) internacional

c) nacional

d) local

e) sección de opinión, con un editorial y un artículo de opinión

f) una carta dirigida a Cartas al Director

g) economía

h) deportes

i) cultura y sociedad

j) contraportada

17 Escucha el mensaje que ha dejado Fernanda en el contestador de su amigo Luis. Reprodúcelo en estilo indirecto.

Fernanda dice a Luis

....
....
....
....

Fernanda dijo a Luis

....
....
....
....

ochenta y tres **83**

UN POCO DE TODO

18 Vamos a jugar a los disparates. Dile algo a tu compañero al oído. Él a su vez se lo dirá a la persona que tiene a su lado y así hasta el final. Después comparad el mensaje de salida con el de llegada: ¿hay muchas diferencias?

19 Busca el término intruso y escribe una frase con él.

1. suplemento / editorial / oyente ....

2. emisora / columna / ondas ....

3. dial / presentador / plató ....

4. plató / titular / estudio ....

5. tirada / dial / artículo ....

20 Relaciona las dos columnas.

caja tonta

prensa rosa

telebasura

del corazón

mala calidad

televisión

21 Leed estos dos chistes. Después, contad a la clase un chiste donde también haya estilo indirecto.

a) Un señor le pide a otro que le dé la hora; el otro le contesta que ya se la dio a otra persona hace un rato.

b) Una niña le pregunta a su padre dónde está Pernambuco, y el padre le contesta que le pregunte a su madre, que siempre lo guarda todo.

22 **Pasa a estilo indirecto las siguientes frases.**

1. Cuéntamelo.

Ella pidió que yo ....

2. Por fin regresó mi abuelo del hospital.

Él nos informó de que ....

3. No te preocupes: ese tipo no volverá nunca a molestarte más.

Pepe le dijo a Juan que ....

....

4. Es absurdo que trabajes tanto; deberías descansar más.

Juan le ha dicho a María que ....

....

5. ¿Por qué estás tan triste?

Le preguntan ....

6. No he oído bien vuestra pregunta, ¿podríais repetírmela?

Les dijo a los periodistas que .... y que ....

....

23 **Completa estas frases con las palabras del recuadro.**

> enviado / dial / reportaje / emisora / suplemento / presentador

1. El .... del programa habló en directo con el .... especial en la Casa Blanca.

2. No sé en qué punto del .... se encuentra esta ....

3. En el .... dominical había un .... interesante.

24 **Completa con la letra adecuada. Después escucha y comprueba.**

1. en....ase

2. san....re

3. diri....ir

4. ....ero

5. fie....re

6. gara....e

7. esco....er

8. ....entral

APÉNDICE GRAMATICAL

PRETÉRITO PLUSCUAMPERFECTO DE SUBJUNTIVO

	CANTAR	VENIR	SALIR
Yo	hubiera / hubiese cantado	hubiera / hubiese venido	hubiera / hubiese salido
Tú	hubieras / hubieses cantado	hubieras / hubieses venido	hubieras / hubieses salido
Él / ella / usted	hubiera / hubiese cantado	hubiera / hubiese venido	hubiera / hubiese salido
Nosotros / nosotras	hubiéramos / hubiésemos cantado	hubiéramos / hubiésemos venido	hubiéramos / hubiésemos salido
Vosotros / vosotras	hubierais / hubieseis cantado	hubierais / hubieseis venido	hubierais / hubieseis salido
Ellos / ellas / ustedes	hubieran / hubiesen cantado	hubieran / hubiesen venido	hubieran / hubiesen salido

CONDICIONAL COMPUESTO

	CANTAR	VENIR	SALIR
Yo	habría cantado	habría venido	habría salido
Tú	habrías cantado	habrías venido	habrías salido
Él / ella / usted	habría cantado	habría venido	habría salido
Nosotros / nosotras	habríamos cantado	habríamos venido	habríamos salido
Vosotros / vosotras	habríais cantado	habríais venido	habríais salido
Ellos / ellas / ustedes	habrían cantado	habrían venido	habrían salido

VALORES DE SER Y ESTAR

1. Como verbos auxiliares

- pasivas:
Ej.: *El teatro fue construido con dinero del Gobierno.*
El teatro por fin está reconstruido desde hace varios años.

- acción durativa
Ej.: *Están construyendo el teatro.*

2. Como verbos predicativos

- *ser* = existencia, tener lugar
Ej.: *La fiesta es en mi casa.*
Érase una vez el hombre…
¿Qué será de María?

- *estar* = localización
Ej.: *Está en Estocolmo.*

3. Como verbos copulativos

3.1. Usos invariables de *ser* y *estar*
3.2. Usos variables
3.3. Usos especiales

3.1. Usos invariables

- *ser* + profesión propia:
  Ej.: *Es médico. Son diplomáticos.*
- *estar de* + profesión temporal:
  Ej.: *Es médico pero como no encuentra trabajo está de camarero.*
- *ser* + posesión:
  Ej.: *Es mío, pero Luisa cree que es de ella.*
- *ser de* + materia:
  Ej.: *Es de madera.*
- *ser* + expresión de tiempo:
  Ej.: *Es jueves. Son las 8.*
- *estar* + expresión de tiempo:
  Ej.: *Estamos a jueves. Estamos en verano. Estamos a 5 de septiembre.*

- *ser* + origen / nacionalidad:
  Ej.: *Es ruso. Es de Polonia.*
- *ser* + cantidad:
  Ej.: *Son 3 euros.*
- *estar* + precios variables:
  Ej.: *Las patatas hoy están a tres euros el kilo.*
- *ser de* + temperatura:
  Ej.: *La temperatura es de 10º C.*
- *estar a* + temperatura:
  Ej.: *El agua está a 10º C.*
- *ser* + identidad:
  Ej.: *Es el profesor. / ¿Es usted el director?*
- *ser* + causa / finalidad:
  Ej.: *Es por la lluvia.*
  Son para ti.

3.2. Usos variables

- *ser* + característica:
  Ej.: *Es guapo* (realmente tiene unos rasgos bonitos)*; es joven* (tiene pocos años)*; es inteligente* (es una persona lista e intelectualmente competente).
- *estar* + estado:
  Ej.: *Está guapo* (aunque no tenga unos rasgos especialmente bonitos el nuevo corte de pelo o la ropa le favorecen)*; está joven* (aunque por su edad ya no sea una persona joven se conserva bien, tiene un aspecto juvenil).

3.3. Usos especiales

	Ser	*Estar*
Bueno	Carácter: *Es un niño muy bueno.*	Belleza física (informal): *Ese chico está buenísimo.* Rico (alimentos): *La tarta está buenísima.*
Malo	Carácter: *El niño es muy malo.*	Estar enfermo (personas): *Luis está malo, con gripe.* Estar en mal estado (alimentos): *El yogur está malo.*
Listo	Inteligente: *Es muy listo: siempre saca buenas notas.*	Preparado: *Como no estés listo en 10 minutos nos vamos sin ti.*
Verde	Color: *Las aceitunas son verdes.*	Poco maduro (fruta): *La manzana está verde.* Poco preparado (personas): *Estoy verde en matemáticas.*
Violento	Agresivo de carácter: *Ese delincuente es muy violento.*	Estar incómodo o nervioso: *Su jefe estaba muy violento en la reunión porque no tenía nada preparado.*
Despierto	Inteligente: *Este niño es muy despierto para su edad.*	No dormido: *Estoy despierto desde hace dos horas.*
Parado	Tímido: *Es muy parado, nunca dice nada.*	Sin trabajo: *Estoy parado desde hace varios meses.*
Vivo	Rápido, inteligente: *Es muy bueno en los negocios, es muy vivo.*	No muerto: *Después del accidente estoy vivo de milagro.*
Atento	Amable: *Es muy atento con todo el mundo.*	Prestar atención: *Siempre está muy atento en clase.*
Molesto	Pesado, difícil de soportar: *Los bebés, a veces, son muy molestos.*	Enfadado: *Estoy muy molesto por tus comentarios de ayer.*

EXPRESAR FUTURO

1. El **presente de indicativo,** con expresiones que indican futuro:
   Ej.: *Mañana es mi cumpleaños.*
      La próxima semana como en tu casa.

2. *Ir + a + infinitivo,* cuando expresa intención:
   Ej.: *Voy a estudiar medicina;*
   o algo que está a punto de ocurrir:
   Ej.: *Corre, que van a cerrar la tienda.*
   En este último caso alterna con el presente, que todavía le da un valor de mayor inmediatez:
   Ej.: *Corre, que cierran.*

3. *Cuando + presente de subjuntivo,* para situar un hecho en el tiempo futuro en relación con otra acción también futura:
   Ej.: *Cuando llegues nos iremos.*
      Cuando llegues a Madrid, intenta visitar el Museo del Prado.

4. **Futuro simple,** para situar un hecho en un momento venidero, con la incertidumbre típica del momento:
   Ej.: *Acabaré a las cinco. Los Tauro ganarán mucho dinero esta semana.*

5. **Futuro compuesto,** para expresar una acción futura anterior a otra también futura:
   Ej.: *Cuando llegues habré terminado.*

VALORES DEL FUTURO SIMPLE Y COMPUESTO

- Hablar del **tiempo cronológicamente futuro** (futuro simple):
  Ej.: *Vendrá mañana.*

- Hablar del **pasado del futuro** (futuro compuesto), es decir, una acción futura pero anterior a un momento del futuro:
  Ej.: *Cuando volvamos habrán terminado.*

- Dar una **orden** (futuro simple):
  Ej.: *Lo harás porque lo digo yo.*

- Expresar un hecho que **se opone** a lo que se dice después (futuro simple y compuesto):
  Ej.: *Será muy listo, pero siempre suspende.*
     Habrá estudiado mucho, pero ha suspendido.

- **Sorpresa** (futuro simple), en oraciones interrogativas:
  Ej.: *¿Será verdad?*

- **Intensificar una cualidad negativa fundamentalmente con el verbo *ser* (futuro simple):**
  Ej.: *¡Será perezoso!*

- Para expresar **probabilidad** (futuro simple y compuesto):
  Ej.: *Serán las dos.*
     Luis no ha venido. Se habrá levantado tarde.

EXPRESAR PROBABILIDAD

- El **futuro simple** expresa probabilidad en el presente:
  Ej.: *Son las cinco* (certeza). *Serán las cinco* (probabilidad).

- El **futuro compuesto** expresa probabilidad en el pasado reciente:
  Ej.: *Todavía no ha venido Rosa; se habrá quedado dormida.*

- El **condicional simple** expresa probabilidad en un pasado no relacionado con el presente: *Eran ocho los que llegaron ayer* (certeza); *Serían ocho los que llegaron el otro día* (probabilidad).

- El **condicional compuesto** expresa probabilidad en un pasado anterior a otro pasado:
  Ej.: *Al final no fue al hospital; habría ido el día anterior.*

- **Deber de** + infinitivo: *No se lo que tengo; debo de tener 10 euros.*

-A través de **expresiones:**
  - *a lo mejor, igual, lo mismo, seguro que, supongo que* + indicativo
  - *puede (ser) que, ser (probable / posible) que, acaso* + subjuntivo
  - *quizá(s), tal vez, seguramente, probablemente, posiblemente* + indicativo / subjuntivo*

  *OJO: si el verbo va delante de estas palabras es obligatorio el indicativo.

VALORES DEL CONDICIONAL SIMPLE Y COMPUESTO

- Expresar **el futuro del pasado**, es decir, un hecho posterior a un momento pasado:
  Ej.: *Ayer me dijo que hoy llegaría pronto.*
      Pensé que ya habría llegado.

- Afirmar **algo que se opone** a lo que se dice después:
  Ej.: *Sería muy tonto, pero siempre aprobaba todo sin problemas.*

- **Condicional de cortesía:**
  Ej.: *¿Podrías pasarme el agua, por favor?*
      Querría un kilo de tomates.

- **Expresar hechos poco probables** (condicional simple) o **irreales** (condicional compuesto) en oraciones condicionales y concesivas:
  Ej.: *Si fuera tú, no iría.*
      Aunque tuviera mucho dinero no iría.
      Nunca iría (aunque me lo pidieran).
      Si hubieras ido lo habrías visto.

- **Probabilidad en el pasado:**
  Ej.: *Tendría quince años cuando conocí a Pepe.*
      Llegó más tarde de lo previsto: habría salido tarde del trabajo.

LOS TIEMPOS PASADOS

INDICATIVO	SUBJUNTIVO

• **pretérito perfecto compuesto:** *he trabajado, he comido, he vivido.*
 	
- Acción acabada en un momento relacionado con el presente. *Hoy me he levantado tarde.*
 	
• **pretérito perfecto simple:** *trabajé, comí, viví.*
 	
- Acción y tiempo acabados. *Ayer trabajé ocho horas.*
 	
• **pretérito imperfecto:** *trabajaba, comía, vivía.*
- Describir y hablar de hábitos y circunstancias en el pasado: *De pequeño leía muchos cuentos.*
- Expresar una intención: *Iba a salir cuando llamaste.*
- Cortesía: *¿Qué quería tomar?*
- Recomendación: *Yo en tu lugar iba más tarde.*
 	
• **pretérito pluscuamperfecto:** *había trabajado, había comido, había vivido.*
 	
Se utiliza para hablar de un pasado anterior a otro pasado:
Ej.: *Cuando yo llegué tú ya habías comido.*
	• **pretérito imperfecto:** *trabajara, -se / comiera, -se / viviera, -se.*
	Puede estar orientado tanto al pasado como al presente o al futuro:
	Ej.: *Es una pena que no vinieran.*
	   ¡Ojalá estuviera ahora / mañana en España!
	
	• **pretérito perfecto:** *haya trabajado, haya comido, haya vivido.*
	Se usa para expresar una acción que se da por concluida en el presente o en el futuro:
	Ej.: *Me alegro de que haya ido bien.*
	   Iré cuando tú también hayas ido.
	
	• **pretérito pluscuamperfecto:** *hubiera trabajado, hubiera comido, hubiera vivido.*
	
	- Hablar de condiciones imposibles:
	Ej.: *Si hubiera venido antes, no habría ocurrido esto.*
	
	- Expresar todas aquellas funciones que necesitan subjuntivo y que indican un hecho pasado anterior a otro pasado:
	Ej.: *No pensaba que lo hubierais hecho.*

CORRESPONDENCIA INDICATIVO / SUBJUNTIVO

Creo que tiene / ha tenido / tendrá dinero. → *No creo que tenga dinero.*

Creo que ha tenido / habrá tenido dinero. → *No creo que haya tenido dinero.*

Creo / creía / creí que tenía dinero. → *No creo / creía / creí que tuviera (o tuviese) dinero.*

Creo que tuvo dinero. → *No creo que tuviera (o tuviese) dinero.*

Creía que tendría dinero. → *No creía que tuviera (o tuviese) dinero.*

Creía / creí que había tenido dinero. → *No creía / creí que hubiera (o hubiese) tenido dinero.*

LOS SENTIMIENTOS, LAS OPINIONES Y LA VALORACIÓN

SENTIMIENTOS

Los verbos que dependen de verbos o expresiones de sentimiento siempre van seguidos de subjuntivo, independientemente de que la frase sea afirmativa o negativa.

Ej.: *Me alegra que estés tan contento.*
No me importa que bailes con él.

OPINIONES

Creo que / pienso que / opino que / me parece que + indicativo

Ej.: *Creo que está enfermo.*
No *veo que* **esté** *enfermo.*

OJO: solo se usa el subjuntivo si el verbo que lleva la negación es el de opinión.

VALORACIONES

- *Ser / estar / parecer* + adjetivo / nombre + *que* + subjuntivo:

Ej.: *Es bueno que hagas gimnasia.*
Es una lástima que no hayas aprobado el examen.

- *¡Qué* + nombre / adjetivo + *que* + subjuntivo!:

Ej.: *¡Qué horror que tengas que trabajar!*

- *Lo* + adjetivo + *es que* + subjuntivo:

Ej.: *Lo mejor es que vengas.*

- *Ser verdad / evidente / cierto / seguro* + *que* + indicativo (hecho incuestionable, indudable).

- *Estar claro / probado / demostrado* + *que* + indicativo

Ej.: *Es verdad que viene a la fiesta.*

Cuando la frase es negativa pierde esa connotación de seguridad, de certeza y hay que usar subjuntivo.

Ej.: **No** *es verdad que* **venga** *a la fiesta.*

LA IMPERSONALIDAD

Verbo en tercera persona del plural
Ej.: *Dicen que está enfermo.*
(Todos) piensan que no volverá.

Hay quien / quienes
Ej.: *Hay quien / quienes se enfadan por todo.*

Uno (a) + 3.ª persona del singular
Ej.: *Uno ya no sabe qué pensar.*

2.ª persona del singular
Ej.: *Te pasas la vida trabajando sin disfrutar y cuando le pides un favor a tu jefe, no te lo hace.*

Todo el mundo, la gente
Ej.: *La gente cree que esto es muy fácil de hacer.*
Todo el mundo sabe que él no está casado.

Se + verbo en 3.ª persona del singular o del plural
Ej.: *Se aprueba a los alumnos.*
Se rueda una película muy interesante. } ESTRUCTURA PASIVA
En España se escriben muchas novelas.

VALORES DE SE

- **Componente de un verbo pronominal:** *suicidarse, atreverse, arrepentirse, quejarse, comportarse.*
- **Reflexivo:** *Juan se ducha todos los días. / Ellos se peinan frente al espejo.*
- **Recíproco:** *Ellos se llaman varias veces al día. / Ellas se saludan habitualmente.*
- **Pronombre personal de complemento indirecto:** *Se lo dije a Pepe. / Hay que contárselo a los demás.*
- **Impersonal:** *Se vive bien en esta ciudad. / En España se duerme la siesta.*

EXPRESIÓN DE LA CAUSA

COMO	Siempre va delante de la oración principal. Va seguido de indicativo. Excepción: Puede ir detrás cuando se presenta como una excusa que se añade a lo dicho: Ej.: *A ti no te hemos sacado entrada… Como siempre dices que no te gustan los musicales.*
POR **PORQUE** **QUE**	**Por** puede llevar detrás un nombre, un infinitivo o un adjetivo. En muchos casos tiene una valoración negativa. Ej.: *Tuvo un accidente por borracho / por conducir borracho / por su borrachera.* **Que** con valor causal lleva indicativo y solo se utiliza cuando va detrás de una orden, un consejo o la declaración de una decisión. Va seguido de pausa: Ej.: *Hazlo así, que no te arrepentirás.* *Me voy a dormir, que estoy muy cansada.*
DEBIDO A + nombre **DEBIDO A QUE** + oración **A CAUSA DE** + nombre **AL** + **INFINITIVO** **DE (TANTO)** + **INFINITIVO**	Ej.: *Llegué tarde debido al atasco.* Ej.: *Llegué tarde debido a que había atasco.* Ej.: *Llegué tarde a causa del atasco.* Ej.: *Al estar todo cerrado, no pudimos comprar nada.* Ej.: *Me duele la cabeza de tanto trabajar.*
YA QUE, PUESTO QUE, DADO QUE	Ej.: *No puede hacerlo puesto que no está capacitado.*
GRACIAS A + nombre **GRACIAS A QUE** + oración **POR CULPA DE** + nombre	Ej.: *Aprobé gracias a ti.* Ej.: *Aprobé gracias a que estudié durante muchos días.* Ej.: *Suspendí por culpa del profesor.*
ES QUE **LO QUE PASA ES QUE**	Sirve para dar excusas o explicaciones. Ej.: *Lo siento, pero me voy a casa. Es que no he dormido.* Sirve para aclarar algo o contrarrestar una opinión negativa. Ej.: *No es que no quiera ir. Lo que pasa es que tengo otra cita.*

En cuanto al modo verbal, las oraciones causales se construyen en indicativo excepto cuando va negada una primera causa, que sería la esperable, y a eso se le añade una segunda, que es real.

Ej.: *Me voy, no porque esté cansada, sino porque estoy enfadada con él.*

EXPRESIÓN DE LA CONSECUENCIA

CON INTENSIFICADOR	**SIN INTENSIFICADOR**
De cantidad:	- **Así (es) que**
- **Tanto / a / os / as (+ nombre) … que…**	Ej.: *Lee mucho, así que lo mismo termina siendo escritor.*
Ej.: *Toma tanta leche que tiene unos huesos durísimos.*	
	- **Conque**
De cualidad:	Ej.: *Ya has acabado, conque márchate.*
- **Tal(es) + nombre … que…**	
- **Tan + adjetivo … que…**	- **Con lo que**
- **Uno / a / os / as + nombre (+ tan + adjetivo) que**	- **De modo / manera / forma que**
Ej.: *Tiene tales dolores de cabeza que no puede dormir.*	- **Por lo que**
Está tan triste que no come nada.	Ej.: *Ya está claro, de modo que no es necesario que lo repitas más.*
Tiene unos hijos (tan guapos) que podrían ser modelos.	
	- **Por lo tanto, así pues, por consiguiente, en consecuencia**
De modo:	Ej.: *Llegó tarde; en consecuencia, se quedará hasta las diez.*
- **De un modo / manera / forma tan + adjetivo + que**	
- **De tal modo (manera / forma / suerte) que**	- **Por (todo) esto (eso, aquello …)**
Ej.: *Lo dice todo de un modo tan dulce que no te puedes negar.*	Ej.: *Siempre ha mostrado una gran dedicación a nuestra causa. Por eso le hacemos entrega de esta medalla.*
Lo hizo de tal modo que nadie se dio cuenta de nada.	
	De ahí que + subjuntivo
	Ej.: *Es muy tarde, de ahí que me acueste.*
	- **Luego, entonces**
	Ej.: *Pienso, luego existo.*
	Si somos cinco entonces Juan no viene.

EXPRESIÓN DE LA FINALIDAD

- Se usa **infinitivo** si coinciden el sujeto de la oración principal y el de la subordinada.
  Ej.: *Voy para verte.*
- Se usa **subjuntivo** en la expresión de la finalidad si la oración final tiene un sujeto diferente al de la principal.
  Ej.: *Voy para que tú vengas.*

> **para (que)**
> **con vistas a (que)**
> **con el firme propósito de (que)**
> **con la idea de (que)**
> **con el objeto de (que)**
> **con el propósito de (que)**
> **con la intención de (que)**
> **a fin de (que)**
> **con el fin de (que)**

Ej.: *Se creó este premio con la idea de rendir homenaje a los buenos escritores.*
    Lo hizo con el firme propósito de que todos reconocieran su valor.

PREFIJOS Y SUFIJOS

PREFIJOS.	SUFIJOS
Anfi- = doble, alrededor de: *anfibio, anfiteatro*	**SUJETOS: -ador, -edor, -idor:** *catador, proveedor, curtidor*
Bis-, bi- = dos: *bisabuelo*	**CUALIDADES: -ancia, -anza, -dad, -idad, -ería, -ez, -eza, -ismo, -ura:** *vagancia, confianza, tontería, delgadez, flaqueza, cinismo, locura, sinceridad*
En- = interioridad: *encajonar*	**LUGAR: -adero, -edero, -ador, -ario, -ería:** *lavadero, monedero, probador, campanario, zapatería*
Intra- = dentro de: *intravenoso*	**OFICIOS: -ario, -ero, -ista:** *secretario, librero, trapecista*
Extra- = fuera de lo normal: *extraordinario*	**ACCIÓN: -ación, -ada, -aje, -anza,-or.:** *adaptación, pintada, aterrizaje, mudanza, temor*
Pre- = anterioridad: *preindoeuropeo*	**CONJUNTO: -aje, -edo, -eda:** *equipaje, robledo, humareda*
Pro- = en lugar de, delante: *pronombre*	
Trans- = al otro lado: *transoceánico*	**AUMENTATIVOS: -ón, -azo:** *hombrón, mazazo*
Ultra- = más allá de: *ultratumba*	**DIMINUTIVOS: -ín, -ito:** *chiquitín, cochecito*

EXPRESIÓN DE LA CONDICIÓN

- REALES: ***si* + presente de indicativo** → **presente / futuro / imperativo**

  Ej.: *Si vienes conmigo te lo compro / te lo compraré.*
- POCO PROBABLES O IMPOSIBLES: ***si* + imperfecto de subjuntivo** → **condicional simple / pretérito imperfecto de indicativo**

  Ej.: *Si me tocara la lotería me compraría un coche* (poco probable).
  Si fuera 6 de enero recibiríamos regalos (imposible si es 20 de enero).

  Ej.: *Si hoy vinieras a casa, te haría un pastel.*
- IMPOSIBILIDAD EN PASADO: ***si* + pluscuamperfecto de subjuntivo** → **condicional compuesto** (o **pluscuamperfecto de subjuntivo**)

  Ej.: *Si te hubiera hecho caso lo habría / hubiera conseguido.*
- Este esquema también puede sufrir algunas variaciones y así, cuando el no cumplimiento de estas condiciones tiene repercusiones en el presente, se usa el condicional simple en lugar del compuesto:

  Ej.: *Si te hubiera hecho caso ahora no estaría en el hospital.*
  En cuanto al **modo,** los que no llevan la partícula *si* siempre se construyen con **subjuntivo.**
- La condición también se puede expresar con la estructura *De* + Infinitivo.
  - Simple.
    Ej.: *De estar aquí, lo entendería.*
  - Compuesto.
    Ej.: *De haberlo sabido, te lo habría dicho.*

Condición negativa (= si no)	Condición mínima, indispensable	Valor de amenaza / advertencia o deseo (según contexto)	Condición improbable	Valor de intercambio
A no ser que **A menos que** **Salvo que** **Salvo si*** * indicativo Ej.: *Iremos a verla a menos que no pueda recibirnos.*	**Solo** **Con (tal de) que** **A condición de que** **Siempre que** **Siempre y cuando** Ej.: *Siempre y cuando vengas, no me importa esperarte.*	**Como** Ej.: *Como apruebe, os invito a una fiesta. Como no vengas, me enfadaré.*	**En (el) caso de que** Ej.: *En caso de que venga, llámame.*	**A cambio de que** Ej.: *A cambio de que me acompañes, te llevo a cenar.*

ORACIONES CONCESIVAS

Aunque	*Aunque vienes tarde, te daré pastel.* *Aunque mañana vengas, no saldré contigo.*
A pesar de + nombre / infinitivo	*A pesar de su enfermedad / estar enfermo no deja de trabajar.*
Por (muy) + adjetivo / adverbio + que + subjuntivo	*Por (muy) tarde que sea, debo ir.*
Por mucho/a/os/as + nombre + que + indicativo / subjuntivo	*Por muchos libros que tiene / tenga, sigue comprando.*
Por poco/a/os/as + nombre + indicativo / subjuntivo	*Por poca paciencia que demuestre, al final se porta bien.*
Oración principal + y eso que + indicativo	*No ha llegado, y eso que le recordé que entrábamos antes.*
Si bien (es cierto que) + indicativo (registro formal)	*Si bien son pobres, tienen mucha cultura.*
Aun + gerundio	*Aun teniendo coche, llega tarde.*
Aun a sabiendas de que + indicativo	*Aun a sabiendas de que no le gusta, lo hace.*
Aun a riesgo de + infinitivo	*Aun a riesgo de perder, lo hacen.*
Aun a riesgo de que + subjuntivo	*Aun a riesgo de que los descubran, lo hacen.*
A pesar de que + indicativo	*A pesar de que está muy cansada, vendrá.*
Por más / mucho / poco + que	*Por mucho que diga, no tiene ni idea.*

Los **verbos reduplicados** tienen un **valor similar al *aunque*,** es decir, tienen un valor concesivo y se construyen principalmente con **subjuntivo.** Se pueden presentar bajo diferentes esquemas:

- **Verbo en subjuntivo + (preposición)+ relativo + mismo verbo en subjuntivo**

  Ej.: *Digas lo que digas, te vienes.*
  Hables de lo que hables, siempre tienes algo que decir.

- **Verbo en subjuntivo + o + verbo en subjuntivo**

  Ej.: *Cante o llore, te lo llevas.*

- **Verbo en subjuntivo + o no + mismo verbo en subjuntivo**

  Ej.: *Vengas o no vengas, te enterarás del final de la historia.*

- **Tanto si + verbo en indicativo + como si no + mismo verbo en indicativo**

  Ej.: *Tanto si tienes sueño como si no (lo tienes), te vas a la cama.*

EXPRESAR DESEOS

- **OJALÁ + presente de subjuntivo:** deseo futuro realizable. *Ojalá venga Juan.*

  pretérito de subjuntivo: deseo en pasado reciente posible. *Ojalá haya dejado de llover.*

  imperfecto de subjuntivo: deseo improbable o imposible. *Ojalá llegara bien* (improbable). */ Ojalá fuera martes* (imposible).

  pluscuamperfecto de subjuntivo: deseo irreal referido al pasado. *Ojalá lo hubiera sabido antes.*

- **A VER SI + indicativo:** deseo presente. *A ver si viene.*

- **QUIÉN + imperfecto de subjuntivo:** deseo improbable o imposible. *Quién lo supiera.*

  pluscuamperfecto de subjuntivo: deseo irreal referido al pasado. *Quién lo hubiera sabido.*

- **VERBOS DE DESEO** (querer, apetecer, tener ganas de, esperar, desear)

  + **presente de subjuntivo:** deseos para el presente o el futuro. *Espero que lo consigas. / Espero verte.*

  + **pretérito perfecto de subjuntivo:** referidos a un pasado cercano. *Deseo que se hayan encontrado.*

  + **imperfecto de subjuntivo:** *Deseaba que vinieras* (puede haber llegado o no).

  + **pluscuamperfecto de subjuntivo:** referidos al pasado e irrealizados. *Deseaba que hubieran terminado antes.*

  + **imperfecto de subjuntivo:** deseos presentes referidos al futuro. *Me gustaría que vinieras .*

  + **pluscuamperfecto de subjuntivo:** deseos presentes referidos al pasado. *Me encantaría que hubieras estado allí.*

DAR CONSEJOS

- *Aconsejar, recomendar...* + subjuntivo.

- Como sugerencia (**¿por qué no + indicativo / infinitivo?**) o posibilidad (**puedes / podrías + infinitivo**): *¿Por qué no vamos al cine?*

- En **imperativo**, especialmente con una entonación de sugerencia, más que de mandato: *Tómate unos días de vacaciones.*

- Con una estructura de valoración: **ser / estar** + adjetivo / nombre + que + subjuntivo. *Sería estupendo que durmieras más.*

- **Si yo fuera tú, yo que tú, yo en tu lugar** + condicional simple / pretérito imperfecto de indicativo. *Yo que tú la llamaría.*

- **Deber** (en condicional) + **infinitivo.** *Deberías leer más.*

ORACIONES TEMPORALES

Cuando, mientras, en el (mismo) momento (instante) en que + indicativo (referido al presente y al pasado) y + **subjuntivo** (referido al futuro) Ej.: *Cuando lo veo me pongo muy nerviosa.* *Cuando llegues a casa, llámame.* *En el (mismo) momento en que lo vi me eché a temblar.* *Mientras esté en casa, madrugará.* **Al** + infinitivo referido al presente, pasado y futuro.	**Antes (de) que + subjuntivo** (sujetos son diferentes), **antes de + infinitivo** (el mismo sujeto) Ej.: *Me voy antes de que venga Juan.* *Me voy antes de verlo.*	**Después de + infinitivo** (el mismo sujeto), **después (de) que + subjuntivo** (referido al futuro) y + **indicativo** (referido al pasado) Ej.: *Me voy después de verlo.* *Me voy después de que me vea.* *Me fui después (de) que él llegó.* **Cuando, una vez que, luego que** Se usan los mismos modos verbales. Para hablar de acciones inmediatamente posteriores: **tan pronto como, en cuanto, así que, nada más (que), apenas, nada más,** se usan los mismos modos verbales. Ej.: *Cuando llegues, llámame.* *Tan pronto como llegó, me llamó.*
Cada vez que, siempre que, nunca que (para hablar de presente o pasado) + **subjuntivo** (para hablar de futuro) Ej.: *Siempre que viene con su padre tenemos problemas.* *Siempre que venía con su padre teníamos problemas.* *Siempre que venga con su padre tendremos problemas.*	**Desde que + indicativo** (para hablar de presente o pasado) Ej.: *Desde que llega / llegó, no para / no paró.*	**Hasta (que) + indicativo** (para hablar de presente o pasado) + **subjuntivo** (para hablar de futuro) Ej.: *Hasta que terminó / termina, no paró / para.* *Hasta que termine no parará.* NOTA: **desde que... hasta que...** pueden ir juntos. Ej.: *Desde que empiece hasta que acabe no parará.*

COLOCACIÓN DEL ADJETIVO

En general, en español, los adjetivos se colocan detrás del nombre. Cuando los ponemos delante adquieren una mayor fuerza significativa, es decir, son valorativos y descriptivos. Esta colocación es más habitual, por tanto, en la literatura.

Sin embargo, algunos no se rigen por esta norma general sino que tienen unas características muy especiales ya que adquieren significados distintos según los coloquemos delante o detrás:

ADJETIVO	DELANTE	DETRÁS
Gran / grande	Importante, con calidad	De mucho tamaño
Simple	Sin mucha trascendencia	Fácil o incluso tonto
Triste	Pequeño, insignificante	Que no está alegre
Cierto	Indeterminado (= un, algún)	Verdadero
Dichoso	Malo, molesto	Afortunado, alegre
Menudo	Fuerte, grande o importante	Físicamente pequeño
Verdadero	Es un mero intensificador	Que no es falso
Bonito	Malo, negativo	Bello

Como puede verse, en *gran / grande,* hay algunos adjetivos cuya forma también varia según vayan delante o detrás. Así, colocados delante, los siguientes adjetivos tienen una forma distinta:

primer, tercer, buen, mal y **san** cuando acompañan a un nombre masculino singular, mientras que **gran** sufre la variación tanto ante un nombre masculino como femenino.

> Ejs.: *El primer hombre. La primera mujer. El hombre primero.*
> *Un gran hombre. Una gran mujer. Un hombre / una mujer grande.*
> *Buen viaje. Un viaje muy bueno. San Juan. Juan es un santo.*

PRONOMBRES PERSONALES

Tenemos pronombres de **sujeto,** de **objeto directo,** de **objeto indirecto** y los que aparecen en un **sintagma preposicional.**

La combinación le / les + lo / la / los / las no es posible en español y en estos casos siempre tenemos *se* + lo / la / los / las.

Ej.: *Se lo dije. / Díselo.*

La colocación siempre es antepuesta al verbo y separada de él en el orden objeto indirecto + objeto directo excepto en imperativo afirmativo / negativo, gerundios e infinitivos, donde se posponen y se pegan a él.

- A veces la preposición indica un cambio de significado: *Quiero a mi hijo* (siento cariño por él); *quiero un hijo* (quiero tenerlo).

OJO: En el caso del gerundio y del infinitivo en una estructura con verbo auxiliar, hay dos posibilidades:

> *Quiero verla.*
> *La quiero ver.*
> *Estoy llamándola.*
> *La estoy llamando.*
> *Tengo a mi suegra en el hospital.*
> *Tengo tres gatos.*
> *Tengo 15 años.*
> *No tengo hijos.*

El **objeto directo** en muchos casos aparece precedido de la preposición **a:**

- Cuando el objeto directo es una persona (si hablamos de una cualidad abstracta de una persona puede no aparecer): *Quiere a Juan. Admira su bondad.*

- Con los animales o cosas personificadas también suele aparecer la **a,** sobre todo si hay algún determinante, demostrativo o posesivo que los acompaña: *Quiero a tu perro. Quiero un perro.*

ESTILO INDIRECTO

Cuando el verbo introductor está en presente no se produce ningún cambio, pero cuando el verbo introductor está en pasado tenemos que:

Estilo directo		Estilo indirecto
Presente: *Tengo sueño.* Imperfecto: *Ayer estaba enfermo.* Indefinido: *Salí tarde.* Perfecto: *He comido mucho.* Futuro: *Llegaré tarde.* Imperativo: *Ven.*	ME DIJO / DIJERON QUE…	Imperfecto: *que tenía sueño.* Imperfecto: *que estaba enfermo.* Pluscuamperfecto: *que había salido tarde.* Pluscuamperfecto: *que había comido mucho.* Condicional: *que llegaría tarde.* Imperfecto de subjuntivo: *que fuera / fuese.*

Además hay que tener en cuenta que los pronombres de primera y segunda persona pasan a tercera y que los indicadores de tiempo y lugar de proximidad pasan a indicadores de tiempo y lugar de distancia.

POR / PARA

POR

Tránsito, movimiento por un lugar

Iba caminando por la calle cuando me encontré con mi jefe.

Lugar aproximado, no determinado

Ella trabaja por aquí, cerca del banco.

Causa

Todo esto te ocurre por ser tan ingenuo.

Agente (en la voz pasiva)

El artículo ha sido escrito por un gran periodista.

Tiempo indeterminado, aproximado

Creo que me encontré con María por el mes de octubre.

Equivalente a *en lugar de*

Acude por mí.

Precio

Compré el jarrón por 4 euros.

Equivalente a *en lo que a mí / ti, … se refiere*

Por ella, di lo que quieras, porque dice que te apoyará digas lo que digas.

Medio, instrumento

Manda esta carta por correo urgente.

PARA

Tiempo o fecha límite

Esto tiene que estar hecho para la semana próxima.

Destinatario / Beneficiario

Compra un libro para tu hermana.

Finalidad

Se ha comprado muebles para la casa.

Para estar sano, no debes fumar.

Dirección

Vamos inmediatamente para tu casa.

Equivalente a *en mi / tu / … opinión*

Para mí, este tema tiene que resolverlo tu jefe.

Comparación y valoración

Para lo rápido que has trabajado, está muy bien lo que has hecho.

TRANSCRIPCIONES

Ejercicio 3

Locutora: Buenos días, ¿qué tal, queridos radioyentes? Hoy vamos a hablar de un tema que nos afecta a todos: el trabajo de los jóvenes. Los primeros afectados son ellos, porque son los que tienen que enfrentarse al reto del primer empleo y superarlo, pero es una cuestión que repercute en toda la sociedad, pues los padres y la economía familiar se ven seriamente condicionados por esta cuestión; asimismo, las coberturas sociales sufren las consecuencias de un mayor o menor paro juvenil.

Hoy nos acompañan en nuestro programa una prestigiosa socióloga, la Defensora del Estudiante y, en nuestro estudio, tenemos también a una joven empresaria de hostelería. Por último, desde la sede de su partido, escucharemos a un reconocido sindicalista.

Empezaré por plantearles las mismas cuestiones a todos: ¿El mercado laboral para los jóvenes está mejor o peor que hace unos años? ¿Podemos ser optimistas a este respecto? ¿Se llegará algún día al pleno empleo juvenil?

Sindicalista: Yo creo que el mercado laboral está bastante mejor ahora, pero no creo que lleguemos al pleno empleo. La actual marcha de la economía y los movimientos globalizadores no ayudan como era de esperar.

Empresaria: ¡Hombre!, yo creo que actualmente también se está diversificando mucho el mercado y que están surgiendo nuevas formas de empleo. Es verdad que hay que ser muy competente,

pero si se está capacitado se puede lograr la mayor parte de los objetivos laborales planteados.

Sindicalista: Si nos atenemos a los índices oficiales de paro juvenil, somos una sociedad estancada: ni mejoramos ni empeoramos.

Locutora: Mi pregunta ahora es la siguiente: ¿Aquí la situación es mejor o peor que en otros países?

Defensora del Estudiante: Mire, acabo de volver de un viaje por varios países del norte de Europa, pues uno de mis hijos está estudiando en Suecia, y puedo decirle que hay un gran abismo entre la realidad social de los jóvenes de uno y otro lugar, es más, yo diría que las diferencias siguen siendo las mismas: allí la gente se independiza antes y, aunque reciben ayudas del gobierno, en general son autosuficientes desde muy jóvenes. Hay todavía muchas diferencias entre los países...

Sindicalista: De todas formas, yo creo que, aunque la sociedad española está cambiando mucho últimamente, aún hay un gran porcentaje de jóvenes que sigue cómodamente instalado en casa de sus padres como si esta fuera un hotel...

Socióloga: Estoy de acuerdo. Habría que orientar a los jóvenes para que viesen que se puede trabajar y estudiar al mismo tiempo. Por otro lado, también habría que concienciar a los empresarios para que flexibilizasen horarios y formas de trabajo, y en eso los jóvenes empresarios tenéis mucho que decir.

Locutora: ¿Qué creen ustedes que es más importante para conseguir un buen trabajo: la formación, la experiencia o el carácter?

Sindicalista: Me van a perdonar, pero creo que por muy capacitados y persistentes que sean nuestros jóvenes, lo más importante para un empresario es si se dejan explotar con facilidad o no.

Empresaria: Perdona, eso es una opinión sesgada e injusta. Para mí, a la hora de contratar a alguien muy joven, lo más importante es una mezcla de estos factores. No hay que olvidar que la experiencia no puede tenerla y la formación la está adquiriendo. Así pues, el carácter es, a veces, decisivo.

Sindicalista: Para mí lo importante es que las leyes protejan al joven para que se respeten todos sus derechos; es lógico que ganen menos, pues para eso les falta la experiencia, pero menos significa que se les dé todo lo que les pertenece, todo lo que es justo por ley.

Socióloga: Creo que desde la universidad y desde la escuela se puede y se debe hacer mucho para enseñarles a protegerse; los jóvenes deben conocer la ley, hay que acercársela, porque es la única forma de que aprendan a defender sus derechos y de que estén capacitados para actuar correctamente en la sociedad.

Locutora: Bien, podemos concluir entonces que lo más importante es la educación.

Socióloga: Indudablemente, es uno de los factores decisivos en la formación de los jóvenes.

Ejercicio 20

alegre, fácil, imposibilitar, triste, alegrarse, aburrimiento, difícil, aburrido, imposible, aburrirse, facilitar, divertido, diversión, dificultar, divertirse, entristecer, dificultad, alegría, tristeza

LECCIÓN 2

Pilar: ¿Sabes? Acabo de hablar con Antonio y me ha dicho que estaba preparando el equipaje, pero con quien no consigo hablar es con Juan. Le llamo al móvil y siempre está comunicando. Igual tiene el móvil estropeado.

Alejandro: A ver si está hablando con su novia. Ya sabes que habla como un loro.

Pilar: Bueno, en cualquier caso espero conseguir hablar con él enseguida porque, si no, nos vamos de acampada sin él. Ya le dije que salíamos mañana temprano y espero que tenga todo listo.

Alejandro: ¡Huy! Eso lo dudo, Pilar, porque es más lento que una tortuga; además Juan estará todavía decidiendo qué se va a llevar.

Pilar: Llevas razón, Alejandro. ¡Seré ingenua! ¡Qué cosas digo!

Alejandro: No, mujer, no eres ingenua. A lo mejor aciertas y resulta que Juan llega mañana el primero a la cita.

Pilar: Eso espero, porque no quiero llegar tarde a la montaña. Tenemos que buscar un buen sitio para montar la tienda de campaña y para eso debemos llegar pronto.

Ejercicio 10

1. El castillo adonde van es del siglo XVI.
2. Yo también estoy preocupada.
3. ¿Con qué aceite vas a freír las patatas?
4. Vámonos, aquí estamos de más.
5. Si no va María, yo tampoco voy.

Ejercicio 25

1. Tampoco te pido tanto.
2. No quiero café sino leche.
3. ¿También te dijo eso?
4. No sé adónde va.

5. ¿Conque no quieres venir conmigo?

LECCIÓN 3

Ejercicio 3

Encargado: ¿Dígame?

Guardabosque: Hola, Juan. Soy Pedro. ¿Qué tal estás? Me imagino que sabes lo del incendio en el bosque.

Encargado: Por supuesto. ¡Qué tremendo! Aún no me puedo creer lo que ha pasado.

Guardabosque: Y eso que tú no lo viste. No sabes qué llamas tan inmensas había. ¿Sabes? Ese día me alegré de que no hubieras venido a trabajar.

Encargado: Hombre, a mí lo que me alegra de verdad es que pudierais sofocar el fuego antes de que llegara al refugio. Pero de todas formas el desastre es enorme, ¿no?

Guardabosque: Sí, y es una pena que la gente no piense en las consecuencias tan terribles de un incendio.

Encargado: Bueno, ahora lo importante es que todos colaboremos para repoblar cuanto antes la zona quemada.

Guardabosque: Llevas razón, Juan. Lo cierto es que los primeros días nos desanimaba que todo estuviera tan destruido, pero ahora ya estamos mejor y nos alegramos de que el refugio haya sobrevivido.

Encargado: Te aseguro que yo también me alegro.

Guardabosque: Bueno, ya te llamaré otro día.

Encargado: Adiós.

Ejercicio 4

Buenas tardes, esto es Radio Árbol, tu radio joven y ecológica. Estas son las últimas noticias que han llegado a nuestra redacción.

-En España las costas catalanas han sufrido unas tremendas inundaciones en los últimos días que han ocasionado grandes daños materiales aunque afortunadamente no hay que lamentar víctimas. El mes de agosto se ha despedido del litoral catalán con fuertes tormentas que en pocas horas han inundado la mayor parte de las localidades costeras. Concretamente ayer, fuertes ráfagas de viento azotaron la costa acompañadas de lluvias torrenciales.

-Ayer en Filipinas hizo erupción un volcán que llevaba muchísimos años apagado. Ahora el pueblo que estaba en la ladera del volcán ha quedado totalmente sepultado por un río de lava. La televisión filipina nos informa de que hay una enorme lengua de lava que arrasa todo lo que encuentra a su paso.

-En El Salvador todavía están recuperándose de los efectos del terremoto que ha causado impresionantes daños y numerosas víctimas mortales. Los expertos acaban de anunciar el epicentro del sismo. Desgraciadamente, la tierra ha vuelto a temblar.

Ejercicio 12

1. ¿Te gusta el té o el café?
2. Te pedí que me dijeras por qué te habías reído de mí.
3. Sí, te llamaré si me compras algún libro.
4. Estás solo. Deberías pedir ayuda.

LECCIÓN 4

Ejercicio 4

Locutor: Buenas tardes, hoy nos acompaña en el estudio de Radio Viajera don Narciso Gómez, el presidente en españa de la OIT, la Organización Internacional de Turismo. ¿Qué tal está, Sr. Gómez?

Sr. Gómez: Muy bien, encantado de estar en su programa.

Locutor: Ya sabe que está en su casa. Bien, en primer lugar, queríamos preguntarle qué es la OIT, a qué se dedica.

Sr. Gómez: Verá usted. Como el turismo va a ser cada vez más en el futuro una gran fuente de riqueza y un pilar de la economía internacional, se decidió entre los profesionales del sector turístico crear un organismo de ámbito internacional al que todos pudiéramos acudir para resolver dudas, recibir información, conocer nuevos servicios que ofrecer al turista, y también para protegernos de los intrusos sin formación ni escrúpulos que se han metido en este sector y que se dedican a explotar al turista con el consiguiente perjuicio y desprestigio para los auténticos profesionales del turismo. En definitiva, queremos estar cada vez mejor preparados y organizados para ofrecer mejores servicios a los turistas, que cada vez vienen en mayor número a nuestro país.

Locutor: O sea, que en nuestro país tenemos asegurado que sigan viniendo turistas a disfrutar de nuestras playas, de nuestro sol y buen clima.

Sr. Gómez: Así es, pero cada vez estamos viendo más otro tipo de turismo que no es el típico turismo de sol y playa, es decir, ese turismo donde la gente solo busca estar tumbada horas y horas en la playa para ponerse morena y poco más. Ahora está en alza lo que se ha denominado turismo rural. Se trata de otra forma de hacer turismo, en la que el turista desea disfrutar de los parajes naturales, hospedarse en las llamadas casas rurales y hacer una vida tranquila: pasear por el campo, respirar aire puro, comer comida tradicional, etc.

Locutor: ¿Qué otros cambios se han producido en el sector?

Sr. Gómez: Pues por ejemplo la aparición de lo que se llama turismo cultural ha hecho que tengamos que potenciar más el cuidado y mantenimiento de nuestros monumentos. Y es que cada vez es mayor el número de visitantes que lo que quieren es conocer la cultura, la historia y el arte de nuestro país.

Locutor: Y para finalizar, ¿cree que hacer turismo es un placer o una necesidad?

Sr. Gómez: Para mí, es una necesidad para mejorar nuestra calidad de vida, sobre todo porque nos abre la mente.

Locutor: Muchas gracias, Sr. Gómez, y hasta pronto.

Ejercicio 24

1. Hubo en torno a treinta personas.
2. Ahora tengo un sinfín de problemas.
3. Te veré al mediodía.
4. Lo que dices es un sinsentido.

LECCIÓN 5

Ejercicio 3

Presentadora: Buenas tardes a nuestros queridos telespectadores, un pequeño grupo, cada día más numeroso, eso sí, de locos por la cultura. Hoy nos acompañan un profesor universitario, Arthur Miles, un economista, muy de moda en los últimos tiempos, el señor Stowe, y María Blanco, directora de una biblioteca pública. Con ellos vamos a hablar del futuro de la cultura y del futuro de los libros. María Blanco, ¿está de acuerdo conmigo en que el futuro de los libros es el futuro de la humanidad?

M. Blanco: Por supuesto. Yo siempre he estado rodeada de

libros y sé que ahí está toda la sabiduría, todo lo heredado de nuestros antepasados. Sin libros seríamos modernos hombres y mujeres de las cavernas, es decir, robots que actúan mecánicamente, estrangulando el espíritu y la estética.

Presentadora: Y usted, Sr. Stowe, ¿qué opina?

Sr. Stowe: Yo, que vengo de un mundo menos creativo, aparentemente, el de las finanzas, también estoy convencido de que sin libros no hay evolución.

Presentadora: Usted, Sra. Blanco, está haciendo algo especial para estimular la lectura, ¿verdad?

M. Blanco: Bueno, yo... y mis compañeros. Verá, nosotros, desde la biblioteca, estamos impulsando clubes de lectura por toda la ciudad. ¿Qué son estos clubes de lectura? Son asociaciones que tienen en común su pasión por la lectura. Cada semana seleccionamos un libro para leer y después, el viernes, nos reunimos en algún bar de la zona para comentarlo. Es una tertulia literaria donde discutimos sobre el libro, sobre los temas de los que trata y terminamos comiendo algún plato tradicional cuyo origen y preparación también comentamos. O sea, podríamos decir que constituimos una asociación gastronómica-lectora. Y he de decir que cada día tenemos más seguidores...

Presentadora: Y usted, Sr. Miles, trabaja en una universidad...

A. Miles: Así es, trabajo en la UNED, es decir, en la Universidad a Distancia. Lo que nosotros intentamos es que nadie se quede sin estudiar por problemas de horario o porque no tenga cerca una universidad. Nos servimos de las modernas tecnologías, como Internet y el correo electrónico, para estar en contacto con nuestros alumnos, mandarles el material y resolver sus dudas. Para lo único que tienen que venir a nuestra sede es para hacer los exámenes.

Presentadora: Y, por último, quisiera hacerle una pregunta, Sr. Stowe, ¿qué es, en su opinión, lo que condiciona actualmente la vida de la gente: la economía, la cultura, la sociedad o Internet?

Sr. Stowe: En mi opinión, la política económica es responsable de las grandes diferencias en la vida de la gente. Todos en el fondo lo sabemos pero es necesario recordarlo. Esto es así si hablamos en general. Si pensamos en un ámbito europeo u occidental, diría que la cultura está teniendo cada vez más fuerza e influencia entre la gente, junto con Internet, que cada día gana más adeptos.

A. Miles: Entre los profesores cada día está más claro que sin renunciar a enseñar cultura tenemos que adaptarnos a las nuevas tecnologías para hacerlo. Es decir, no se trata de cambiar el qué enseñar sino el cómo enseñarlo, aunque muchas veces no nos guste el futuro está claro que si no hacemos este esfuerzo de acercamiento al mundo de los jóvenes nunca conseguiremos contactar con ellos.

LECCIÓN 6

Ejercicio 3

La vida es sueño fue escrita hacia 1635 y trata sobre un tema intemporal y universal, así como profundamente literario: la realidad o irrealidad de la vida humana. ¿Somos seres reales o la vida no es más que un sueño?, ¿cuándo vivimos de verdad y cuándo estamos simplemente soñando?, ¿las apariencias engañan?

La obra cuenta la historia del príncipe Segismundo, hijo del rey Basilio de Polonia, cuyo horóscopo predice al nacer que derrocará a su padre y se convertirá en un tirano para su pueblo.

Su madre muere en el parto y el padre, asustado por tales vaticinios, lo encierra en una torre.

Más tarde decide darle una oportunidad y llevarlo narcotizado a palacio, pero Segismundo mata a un criado y amenaza a otras muchas personas, entre ellos su padre, quien ante tales indicios lo encierra de nuevo en la torre.

Allí nuestro protagonista duda entre si lo que ha vivido afuera es real o no. Solo hay un elemento que le asegura la conexión con la realidad externa: Rosaura, de la cual se ha enamorado durante su corta estancia en Palacio.

El pueblo, sin embargo, enterado de su existencia, sabiendo que está vivo y que no murió al nacer, como había dicho Basilio, quiere hacerlo rey. Por eso lo liberan y Segismundo encabeza una sublevación contra su padre a quien, sin embargo, una vez derrotado, perdona la vida, pues teme que esto sea de nuevo un sueño. Influido por este miedo acabará actuando prudentemente y ganándose el respeto de todos.

Ejercicio 4

Locutor: Buenas tardes, queridos radioyentes. Estaban ustedes escuchando los aplausos con los que son premiados los actores. El público está totalmente entregado. Hoy nos encontramos en una ciudad histórica, en un marco muy antiguo pero inigualable, no superado todavía por ninguna construcción moderna. Estamos en la comunidad autónoma de Extremadura, en concreto en el teatro romano de Mérida, ciudad que fue la niña bonita de los romanos.

Desde hace siglos en este escenario se han puesto en escena representaciones portentosas, tragedias terribles, historias increíbles y hoy hemos asistido al estreno, por primera vez en este teatro, de un autor clásico de la literatura española: La vida es sueño de Calderón de la Barca.

Ahora que ha terminado la representación, vamos a hablar con dos excelentes críticos de teatro clásico.

Buenas noches, Sr. Ramírez, quisiera preguntarle, en primer lugar, qué opina de esta representación y de esta puesta en escena.

Sr. Ramírez: Para mí tanto la representación como la puesta en escena en un teatro como este han sido fantásticas. Los actores han estado genial. El protagonista, Segismundo, hace una excelente interpretación. La acústica ha sido perfecta. De verdad que he sentido, como hacía mucho que no la sentía, la magia del teatro.

Locutor: Y para usted, Sr. Pérez, ¿cuál es el sentido de esta obra?

Sr. Pérez: En cuanto al sentido de la obra conviene no olvidar que para Calderón esta vida terrena se hace de sueños, que son nuestros deseos, nuestras aspiraciones privadas, y de muerte, que sería lo más real de la vida. Por otro lado, y en contraste con esta manera de vivir, está la de aquellos que se centran en ayudar a los demás. Además Calderón era católico, creía en una vida después de la muerte. Pero, en mi opinión, el tema de la obra es la cuestión del destino, de la influencia de los astros, que ni Calderón ni muchos de sus contemporáneos niegan: ¿somos realmente libres para decidir o las estrellas deciden por nosotros?

Locutor: Muchas gracias por estos comentarios tan interesantes. Hasta pronto.

LECCIÓN 7

Ejercicio 3

Locutor: ¡Hola chicos! ¿Qué tal? ¿Tenéis un momento para contestarme a algunas preguntitas? Es para un programa de la tele. ¿Sí? Estupendo. Muchas gracias. ¿Cómo os llamáis?, ¿cuántos años tenéis? y ¿a qué os dedicáis?

Javier: Yo soy Javier y este es Iván. Somos estudiantes y tenemos 17 años.

Locutor: ¿Y dónde vivís? ¿Aquí en Madrid?

Javier: Sí.

Locutor: ¿Y qué tal? ¿Os gusta vivir aquí o preferiríais vivir en el campo?

Javier: A mí me encanta vivir en Madrid. Vivo en pleno centro y la verdad, no me imagino viviendo en ningún otro lugar. Aquí lo tienes todo: bares, tiendas, lugares de ocio... Hay muchísimos conciertos y cosas para hacer. Quizá lo único malo es el transporte. Necesitas mogollón de tiempo para ir a cualquier lugar, aunque el metro está muy bien.

Iván: Pues a mí no me gusta el agobio de la gran ciudad. Preferiría vivir en una pequeña ciudad de provincia o en un pueblecito. Estoy harto de tanta contaminación, ruidos y estrés.

Javier: ¡Qué va! No te pases, no está tan mal vivir en una gran ciudad. Por lo menos, no te mueres de asco como en los pueblos, donde no hay nada que hacer y te aburres como una ostra. Todo es siempre igual.

Iván: ¿Y aquí no lo es? ¿Qué es mejor, vivir en una casita de campo respirando aire puro, pudiendo pasear tranquilamente disfrutando de la naturaleza o vivir en una ciudad-dormitorio, con casas iguales y centros comerciales despersonalizados?

Locutor: Bueno, parecéis el ratón y el gato. Iván, está claro que tú eres de campo y tu amigo es un chico de ciudad. Y, al fin y al cabo, todo tiene sus pros y sus contras. Bueno, y si pudierais pedir que las autoridades cambiasen algo, ¿qué pediríais?

Javier: Eso lo hemos estado hablando el otro día y creo que lo que necesitamos los jóvenes es que abran más centros deportivos y de recreo por la noche. Ya sabes, ahora no nos dejan beber en la calle, desde la nueva ley del botellón y las bebidas en los bares son muy caras, vamos, tienen unos precios prohibitivos... entonces... ¿qué podemos hacer? Ir al cine está bien o ir a una sala de juegos o a un café de Internet pero no vas a hacer todos los días lo mismo. Sin embargo la idea de abrir los polideportivos por la noche está muy bien. Puedes hacer deporte, charlar con tus amigos, conectarte a Internet gratis ... incluso hay monitores que montan tertulias, talleres de teatro o de pintura y eso está genial. O sea que la oferta de actividades es muy variada y es gratis. ¡Genial!

Ivan: es que estamos hartos de oír a los mayores decir que ya no sabemos divertirnos y que no nos interesa nada excepto el alcohol. No es verdad, lo que pasa es que si no nos ofrecen otras cosas o si todo es muy caro pues ... al final acabas con tus amigos en un parque dándole a la botella, haciendo botellón. O acababas, porque ahora te persigue la poli y eso tampoco es justo. Vale, si quieren prohibir el botellón, que lo hagan pero tienen que darnos alternativas, y ese es realmente el problema.

Locutor: Bueno, chicos, muchas gracias; habéis sido muy amables.

LECCIÓN 8

Ejercicio 3

CONVERSACIÓN 1

-Buenos días, ¿es usted doña Margarita?

-¿Juanita? No, se ha confundido. Yo soy Margarita. Juanita es la vecina.

-Bien, bien, si yo preguntaba por Margarita y lo que...

-Oiga, joven, a ver si se aclara. Si quiere hablar conmigo, ¿por qué pregunta por mi vecina? A ver, ¿qué quiere usted?

-Verá, soy Iñaki Parrondo, de la cadena Onda Alta, y la llamo porque le ha tocado un premio de 3.000 euros.

-¿Cómo dice joven?

-Que la llamo de la cadena Onda Alta. Le ha tocado un premio de 3.000 euros.

-Un precio de 3.000 euros, pero... precio ¿de qué? Y no les he comprado nada.

-No, no, señora. Precio no, premio. Ha ganado usted 3.000 euros.

-¿Qué he gastado 3.000 euros? Imposible, yo soy una persona muy ahorradora que apenas sale. Yo lo veo y lo escucho todo en la tele y en la radio.

-Pues eso, que como usted es una fiel seguidora de nuestro programa le ha tocado un premio de 3.000 euros en nuestro último sorteo.

-Ay, que me mareo.

-Y ahora ¿qué le pasa? ¿Le duele algo? ¿Está sola?

-Que si estoy sorda. Pero usted ... ¿quién se ha creído que es?

-No, no, señora, por favor. Le preguntaba que si está sola.

CONVERSACIÓN 2

-Dile a papá que venga.

-Papá, dice mamá que vayas.

-Dile que ahora no puedo, que estoy viendo el partido. Pregúntale qué quiere.

-Mamá, que dice papá que qué quieres.

-Dile que están poniendo ese documental maravilloso que quería ver.

-Dice mamá que están poniendo en la tele ese documental que querías ver.

-¡Pero si no lo iban a emitir hoy! Pregúntale si está segura y si… Juanito, ¿dónde estás? ¿Adónde has ido? ¿Oye?

Ejercicio 9

1. jefe
2. paisaje
3. general
4. ingeniero
5. pingüino
6. guitarra

7. guerrero
8. rojo
9. jamón
10. reguero

Ejercicio 10

1. seso
2. cierro
3. azar
4. zumo
5. lisa
6. ciervo
7. casa
8. pozo

Ejercicio 10.1

1. seso
2. cierro
3. azar
4. zumo
5. lisa

6. ciervo
7. casa
8. pozo

Ejercicio 17

-No te olvides de traerme las fotos que te presté; ya sabes que las necesito para la fiesta; además Eva me ha llamado y está bastante enfadada con nosotros. Llámame en cuanto puedas.

Ejercicio 24

1. envase
2. sangre
3. dirigir
4. cero
5. fiebre
6. garaje
7. escoger
8. central

GLOSARIO

Este GLOSARIO traducido recoge alfabéticamente el vocabulario que los alumnos deben conocer al final del curso. Al final del mismo se incluyen, por lecciones, los Giros y Expresiones estudiados en cada función comunicativa, añadiendo otros que pueden resultar de gran ayuda para el estudiante.

ESPAÑOL	INGLÉS	FRANCÉS	ALEMÁN	ITALIANO
A				
abrupto	steep, abrupt	abrupt	steil, jäh	erto, dirupato
acantilado	cliff	falaise	Steilküste, Kliff	strapiombo, dirupo sul mare
actualmente	currently, presently	actuellement	gegenwärtig	attualmente
acueducto	aqueduct	aqueduc	Aquädukt	acquedotto
además	besides, moreover	de plus, en plus	außerdem, ferner	inoltre, oltre (a), per di più
adivino	soothsayer	devin	Wahrsager	indovino
agobio	anguish, oppression, burden	accablement, suffocation, angoisse	Beklommenheit, Last	angoscia, soffocazione
agricultura	agriculture, farming	agriculture	Landwirtschaft	agricoltura
ajetreo	hustle, bustle	agitation, effervescence	Hetze, Lauferei	sfacchinata, sgobbata
albañil	bricklayer	maçon	Maurer	muratore
albergue	hostel, inn	auberge	Herberge	ostello
alojamiento	accommodation(s)	logement	Unterkunft	alloggio
alojarse (en)	to stay (at, with)	loger (à, chez)	absteigen (in), unterkommen (in)	alloggiare (in)
altiplano	high plateau	haut plateau	Hochebene	altopiano
altitud	altitude, height	altitude	Höhe	altitudine
añadir	to add	ajouter	hinzufügen	aggiungere
apóstol	apostle	apôtre	Apostel	apostolo
aquelarre	witches' sabbath	sabbat	Hexensabbat	sabba
archipiélago	archipelago	archipel	Archipel	arcipelago
arco iris	rainbow	arc-en-ciel	Regenbogen	arcobaleno
arder	to burn	brûler	brennen	ardere, bruciare
argumento	plot	intrigue, thème	Handlung	soggetto, trama
arreciar	to get stronger, to get heavier	redoubler	heftiger, stärker werden	imperversare, infuriare
arroyo	brook, stream	ruisseau	Bach	ruscello
astrónomo	astronomer	astronome	Astronom	astronomo
atasco	traffic jam	embouteillage	(Verkehrs)stau	ingorgo
atrezo	properties, prop	accessoires	Requisiten	attrezzo
azar	chance, fate	hasard	Zufall	azzardo, fato
B				
bahía	bay	baie	Bucht	baia
banquero	banker	banquier	Bankier	banchiere
basílica	Basilika	basilique	Basilika	basilica
bibliotecaria	librarian	bibliothécaire	Bibliothekarin	bibliotecaria
biólogo	biologist	biologiste	Biologe	biologo
bombardear	to bombard	bombarder	bombardieren	bombardare
bullicio	racket, hurly-burly	brouhaha, vacarme	Getöse, Lärm	chiasso, baccano
C				
cabo	cape	cap	Kap	capo
cachorro	cub, puppy	petit, chiot	Junge, Welpe	cucciolo

ESPAÑOL	INGLÉS	FRANCÉS	ALEMÁN	ITALIANO
calcinar	to char, to calcine	calciner	abbrennen, kalzinieren	calcinare
cámara	camera	caméra	Kamera	camera
camerino	dressing room	loge	Künstlergarderobe	camerino
campesino	peasant, countryman	paysan	Bauer	contadino
campo	country	campagne	Land	campagna
canal	channel	chaîne	Sender, Kanal	canale
caries	tooth decay, caries, cavity	carie	Karies	carie
carpintero	carpenter	menuisier	Zimmermann	falegname
cartas	cards	cartes	Karten	carte
cartomancia	fortune-telling	cartomancie	Kartenlegen	cartomanzia
cataratas	waterfalls, falls	chutes	Wasserfall	cateratta, cascata
catedral	cathedral	cathédrale	Kathedrale	duomo
cima	top, summit	cime, sommet	Spitze, Gipfel	cima, vetta
cirujano	surgeon	chirurgien	Chirurg	chirurgo
ciudad-dormitorio	dormitory town, bedroom community	cité-dortoir	Schlafstadt	città dormitorio
claqueta	clapperboard	claquette, clap	Klappe, Film	ciac
claquetista	clapper boy, clapman	clapman	Klappenmann	ciacchista
cobrar	to cash, to get paid, to collect	toucher	verdienen, einnehmen	riscuotere, incassare
columna	column	rubrique	Kolumne	colonna
competente (en)	competent (in)	compétent (en)	sachkundig (in)	competente (in)
conjuro	spell	conjuration	Beschwörung	scongiuro
contratar	to hire, to take on, to contract	embaucher, engager	einstellen, anwerben	contrattare
contrato temporal	temporary contract	contrat à durée déterminée	Zeitvertrag	contratto a termine
cordillera	mountain range	chaîne (de montagnes), cordillère	Gebirgskette	catena di montagne, cordigliera
corriente	draught, draft	courant	(Luft)zug	corrente
cortometraje	short movie	court-métrage	Kurzfilm	cortometraggio
costa	coast	côte	Küste	costa
cráter	crater	cratère	Krater	cratere
cumbre	summit, top	sommet, cime	Gipfel, Spitze	vetta, cima
cura	priest	prêtre	Priester	prete
currículum vítae	curriculum vitae	curriculum vitae	Lebenslauf	curricolo, curriculum vitae

D

ESPAÑOL	INGLÉS	FRANCÉS	ALEMÁN	ITALIANO
desempleo	unemployment	chômage	Arbeitslosigkeit	disoccupazione
despedir	to dismiss, to fire	licencier	entlassen	licenziare
dial	dial	cadran	Stationsskala, Nummernscheibe	quadrante
dimitir	to resign	démissionner	zurücktreten	dimettersi
diplomático	diplomat(ic)	diplomatique	diplomatisch	diplomatico
doblaje	dubbing	doublage	Synchronisation	doppiaggio
doblar	to dub	doubler	synchronisieren	doppiare
documentación	papers, documents, documentation, information	papiers	Unterlagen, Papiere, Dokumentation	documentazione, documenti

E

ESPAÑOL	INGLÉS	FRANCÉS	ALEMÁN	ITALIANO
economista	economist	économiste	Wirtschaftswissenschaftler	economista
editor	editor, publisher	éditeur	Redakteur, Bearbeiter, Herausgeber	editore, curatore, redattore
editorial (el)	editorial, leading article	éditorial	Leitartikel	editoriale, articolo di fondo
emisora	broadcasting station	station émettrice	Sender	stazione emittente
emitir	to broadcast	diffuser, émettre	senden	trasmettere
emisión	emission, broadcasting	émission	Übertragung	emissione
emperador	emperor	empereur	Kaiser	imperatore
empleo	employment, job	emploi, travail	Beschäftigung, Arbeit, Stelle	occupazione, impiego
empresa	company, firm, enterprise	entreprise, société	Unternehmen, Betrieb, Firma	ditta, azienda

ESPAÑOL	INGLÉS	FRANCÉS	ALEMÁN	ITALIANO
empresario	businessman	chef d'entreprise, patron	Unternehmer, Arbeitgeber	imprenditore, impresario
ensayar	to rehearse	répéter	proben	provare
entregar	to deliver, to hand (over, in)	livrer, remettre	aushändigen, liefern, abgeben	consegnare
epicentro	epicentre	épicentre	Epizentrum	epicentro
erupción	eruption	éruption	Eruption	eruzione
escampada	sunny spell	éclaircie	Aufklaren, Aufheitern	schiarita
escampar	to clear up, to stop raining	s'éclaircir, cesser de pleuvoir	aufhören zu regnen	spiovere, schiarire
estrecho	strait(s)	détroit	Meerenge	stretto
estrenar	to perform for the first time pour la première fois	représenter une pièce pour la première fois	uraufführen	rappresentare un'opera per la prima volta
estrenarse	to open	donner la première de	Uraufführung haben	essere rappresentata un'opera per la prima volta
extra	extra	figurant	Statist	extra
extrañar	to surprise	étonner	erstaunen	meravigliare

F

ESPAÑOL	INGLÉS	FRANCÉS	ALEMÁN	ITALIANO
fauna	fauna	faune	Tierwelt, Fauna	fauna
figurante	extra	figurant	Statist	comparsa, figurante
filmar	to shoot, to film	tourner, filmer	filmen, drehen	filmare, girare
filósofo	philosopher	philosophe	Philosoph	filosofo
físico	physical, physicist	physicien	Physiker	fisico
flora	flora	flore	Pflanzenwelt, Flora	flora
fortuito	fortuitous, chance (before n.)	fortuit	zufällig	fortuito
funcionario	civil servant	fonctionnaire	Beamte, Funktionär	funzionario

G

ESPAÑOL	INGLÉS	FRANCÉS	ALEMÁN	ITALIANO
ganadería	cattle, livestock	bétail, élevage	Viehbestand	bestiame
glaciar	glacier	glacier	Gletscher	ghiacciaio
golfo	gulf, bay	golfe	Golf	golfo
grabar	to record, to shoot	enregistrer, tourner	aufzeichnen, drehen	registrare, girare
granja	farm	ferme	Bauernhof	fattoria, cascina
guardabosque	forest ranger, gamekeeper	garde forestier	Förster	boscaiolo, guardaboschi
guía	guide	guide	(Fremden)führer	cicerone, guida
guión	script	scénario	Skript, Drehbuch	sceneggiatura, copione

H

ESPAÑOL	INGLÉS	FRANCÉS	ALEMÁN	ITALIANO
hacinamiento	overcrowding	entassement	Gedränge, Anhäufung	ammucchiamento
hechicero	sorcerer, witch doctor	sorcier	Zauberer, Medizinmann	stregone
hospedarse (en)	to stay (at)	descendre (à), loger (à)	unterkommen (in, bei)	albergare (in)
hostal	hostelry, guesthouse	auberge	Gasthaus	locanda
hostelería	hotel management, hotel trade	hôtellerie	Hotel- und Gaststättengewerbe	industria alberghiera
huracán	hurricane	ouragan	Orkan	uragano

I

ESPAÑOL	INGLÉS	FRANCÉS	ALEMÁN	ITALIANO
iglesia	church	église	Kirche	chiesa
industrialización	industrialization	industrialisation	Industrialisierung	industrializzazione
ingresos	income, revenue	revenus, recettes	Einnahmen, Einkünfte, Einkommen	incassi
inhóspito	inhospitable	inhospitalier	unwirtlich, ungastlich	inospitale
inundación	flooding, floods	inondation	Überschwemmung, Überflutung	inondazione

ESPAÑOL	INGLÉS	FRANCÉS	ALEMÁN	ITALIANO
J				
jirafa	boom	perche	Galgen	giraffa
jubilación	retirement	retraite	Ruhestand	giubilazione, pensionamento
L				
laboral	work (before n.), labour (before n.)	de travail, du travail	Arbeits-	lavorativo
ladera	hillside, slope	versant, flanc	Abhang	pendio
lago	lake	lac	See	lago
laguna	small lake, pool, lagoon	lagune	Teich, Lagune	laguna
latitud	latitude	latitude	Breite	latitudine
lava	lava	lave	Lava	lava
licenciado	graduate	diplômé	Akademiker	laureato
leyenda	legend	légende	Legende	leggenda
litoral	coast	littoral	Küste, Küstengebiet	litorale
llanura	plain	plaine	Ebene, Flachland	pianura
llovizna	drizzle	bruine	Sprühregen, Nieselregen	acquolina
M				
maquillador	makeup artist	maquilleur	Maskenbildner	truccatore
maremoto	seaquake, tidal wave	raz-de-marée	Seebeben	maremoto
meseta	plateau	plateau	Plateau, Hochebene	altopiano
mezquita	mosque	mosquée	Moschee	moschea
montaña	mountain	montagne	Berg	montagna
monte	mountain, mount	mont, montagne	Berg	monte
monumento	monument	monument	Denkmal, Monument	monumento
N				
nómina	payslip, salary, payroll	feuille de paie, paie, liste du personnel	Gehaltszettel, Gehalt, Gehaltsliste	busta paga, paga, libro paga
O				
obrero	worker	ouvrier	Arbeiter	operaio
oleaje	swell	houle	Wellengang	mare lungo
ostra	oyster	huître	Auster	ostrica
P				
paga extra	extra month's salary, extra pay	treizième mois	Sonderzulage	tredicesima (mensilità), paga extra
parado	unemployed (person)	chômeur	Arbeitslose	disoccupato
parador	state-owned hotel	parador, hôtel de luxe géré par l'État	staatliches Hotel	albergo gestito dallo Stato esse histórico
paro	unemployment	chômage	Arbeitslosigkeit	disoccupazione
pedagogía	pedagogy, teaching	pédagogie	Pädagogik, Erziehungswissenschaft	pedagogia
pendiente	slope	pente	Abhang, Steigung	pendio
península	peninsula	péninsule, presqu'île	Halbinsel	penisola
pensión	(retirement) pension	retraite	Ruhegeld, Rente, Pension	pensione
pensionista	pensioner	retraité	Rentner, Pensionär	pensionato, pensionante

ESPAÑOL	INGLÉS	FRANCÉS	ALEMÁN	ITALIANO
peregrinación	pilgrimage	pèlerinage	Wallfahrt, Pilgerfahrt	pellegrinaggio
pesadilla	nightmare	cauchemar	Alptraum	incubo
pico	peak	pic	Spitze	vetta
pirómano	pyromaniac	pyromane	Pyromane	piromane
planicie	plain	plaine	Ebene	pianura
predecir	to predict, to foretell	prédire	voraussagen	predire
prensa	press	presse	Presse	stampa
preocuparse (de)	to make sure, to see to it	se préoccuper (de)	sich kümmern (um)	preoccuparsi (di)
preocuparse (con)	to worry about	s'inquiéter (de / pour)	sich Sorgen machen (um)	preoccuparsi (con)
productora	producing company	maison de production	Produktionsfirma	casa produttrice
protagonista	star, main character, protagonist	protagoniste, vedette	Protagonist, Hauptdarsteller	protagonista
protagonizar	to play the lead in, to star in	jouer le rôle principal dans, être la vedette de	die Hauptrolle spielen	essere il protagonista di
puente	bridge	pont	Brücke	ponte

Q

ESPAÑOL	INGLÉS	FRANCÉS	ALEMÁN	ITALIANO
quehacer	work	travail	Arbeit, Aufgabe	daffare
químico	chemist	chimiste	Chemiker	chimico

R

ESPAÑOL	INGLÉS	FRANCÉS	ALEMÁN	ITALIANO
rascacielos	skyscraper	gratte-ciel	Wolkenkratzer	grattacielo
rayos	lightnings	foudres	Blitze	fulmini
relámpagos	bolts of lightning	éclairs	Blitze	lampi
remuneración	remuneration, salary	rémunération	Lohn, Bezahlung	rimunerazione
repoblar	to reafforest	repeupler	aufforsten	rimboschire
reportaje	report, story	reportage	Reportage, Bericht	servizio, reportage
reportero	reporter	reporter	Reporter	reporter
representación	performance	représentation	Aufführung	rappresentazione
ría	ria	estuaire	Ria	fiordo
riada	flooding, flood	inondation, crue	Hochwasser	fiumana
roble	oak	chêne, rouvre	Eiche	rovere
rodaje	shooting	tournage	Dreharbeiten	ripresa
rodar	to shoot	tourner	drehen	girare
rural	rural	rural	ländlich	rurale
ruta	route, way	route	Route, Weg	itinerario, rotta

S

ESPAÑOL	INGLÉS	FRANCÉS	ALEMÁN	ITALIANO
sacerdote	priest	prêtre	Priester	prete
salario	salary	salaire	Lohn	stipendio, salario
selva	forest, jungle	forêt, jungle	Wald, Dschungel	selva
sensacionalista	sensationalist	à sensation	sensationslüstern	sensazionalista
sierra	mountain range	chaîne de montagnes, sierra	Gebirgskette	catena di montagne
sinagoga	synagogue	synagogue	Synagoge	sinagoga
sindicato	union, trade union	syndicat	Gewerkschaft	sindacato
sinfín	countless, an endless number	infinité	Unmenge, Unzahl	infinità, subisso
sismo / seísmo	tremor, earthquake	séisme	Erdbeben	scossa
sociólogo	sociologist	sociologue	Soziologe	sociologo
sorteo	draw	tirage au sort	Auslosen, Ziehung	sorteggio, estrazione
suburbio	suburb	banlieue	Stadtrand, Vorort	sobborgo
superstición	superstition	superstition	Aberglaube	superstizione
supersticioso	superstitious	superstitieux	abergläubisch	superstizioso

ESPAÑOL	INGLÉS	FRANCÉS	ALEMÁN	ITALIANO
T				
tempestad	storm, tempest	tempête, orage	Sturm	tempesta
templo	temple	temple	Tempel	tempio
temporal	storm	tempête	Unwetter	temporale
terremoto	earthquake	tremblement de terre	Erdbeben	terremoto
titular	headline	gros titre	Schlagzeile	titolo
torbellino	whirlwind	tourbillon	Wirbel	turbine
tornado	tornado	tornade	Tornado, Wirbelsturm	tornado
torrente	torrent	torrent	Sturzbach	torrente
tortuga	turtle	tortue	Schildkröte	tartaruga
trama	plot	intrigue	Handlung	trama
truenos	thunderclaps	tonnerre	Donner	tuono
U				
urbano	urban	urbain	städtisch, Stadt-	urbano
V				
vestuario	wardrobe, costumes	costumes	Kostüme	costumi
volcán	volcano	volcan	Vulkan	vulcano
Y				
yacimiento arqueológico	archeological site	site archéologique	archäologische Stätte	giacimento archeologico

GIROS Y EXPRESIONES

ESPAÑOL	INGLÉS	FRANCÉS	ALEMÁN	ITALIANO
Lección 1. Para que te enteres				
Estar en paro / estar sin trabajo.	To be unemployed / to be out of work	Être au chômage / être sans emploi	Arbeitslos/ohne Arbeit sein.	Essere disoccupati / essere senza lavoro.
Explotar a alguien.	To exploit someone	Exploiter quelqu'un	Jemanden ausbeuten.	Sfruttare qualcuno.
Tener un empleo / un trabajo.	To have a job	Avoir un emploi / un travail	angestellt sein / eine Arbeit haben.	Avere un impiego / un lavoro.
Cobrar / tener / recibir un salario / un sueldo.	To get paid / have / receice a salary / wages	Toucher / avoir / recevoir un salaire	Ein Gehalt / Einen Lohn erhalten / haben / empfangen.	Riscuotere / avere / ricevere un salario / uno stipendio.
Cobrar / tener / recibir una gratificación extra.	To get pad / have / receive a bonus	Toucher / avoir / recevoir une gratification supplémentaire	Eine Sonderauszahlung erhalten / haben / empfangen.	Riscuotere / avere / ricevere una tredicesima.
Cobrar / tener / recibir una jubilación / un retiro.	To get paid / have / receive a retirement pension	Toucher / avoir / recevoir une retraite	Eine Rente / Ein Ruhegeld erhalten / haben / empfangen.	Riscuotere / avere / ricevere una buonuscita / una quietanza.
Cobrar / tener / recibir una pensión.	To get paid / have / receive a pension	Toucher / avoir / recevoir une retraite	Eine Pension erhalten / haben / empfangen.	Riscuotere / avere / ricevere una pensione.
Dimitir de un cargo.	To resign from a job	Démissionner d'un poste	zurücktreten, seinen Posten aufgeben	Presentare le dimissioni.
Coberturas sociales.	Social benefits	Couvertures sociales	Soziale Deckungen.	Oneri sociali.
Mercado laboral.	Job market	Marché du travail	Arbeitsmarkt	Mercato del lavoro.
Pleno empleo.	Full employment	Plein-emploi	Vollbeschäftigung	Pieno impiego.
Empresa de trabajo temporal.	Temporary employment agency	Entreprise de travail temporaire	Zeitarbeitsvermittlung	Agenzia di collocamento temporaneo.
Enfrentarse a un reto.	To face a challenge	Relever un défi	Sich einer Herausforderung stellen	Affrontare una sfida.
Sociedad estancada.	Stagnant society	Société stagnante	Gesellschaft im Stillstand.	Società stagnante.
Marcha de la economía.	Progress of the economy	Marche de l'économie	Lauf der Wirtschaft.	Marcia dell'economia.
Lección 2. Para entonces habré terminado				
Accidente geográfico.	Geographical feature	Accident géographique	Relief	Incidente geografico.
Ir de acampada.	To go camping	Faire du camping	Zelten gehen.	Andare in campeggio.
Para entonces.	By then	À ce moment-là	Bis dann.	Allora.
A ver si se ha dormido.	Let's see if he's gone to sleep	Espérons qu'il dorme	Mal schauen, ob er eingeschlafen ist.	Guarda se si è addormentato.
Igual tienes razón.	You may be right	Il se peut que tu aies raison	Vielleicht hast du Recht.	Magari hai ragione.
Ser más lento que una tortuga.	To be as slow as a tortoise	Avancer comme une tortue	Langsamer als eine Schildkröte sein.	Essere più lenti di una tartaruga.
Llevar una vida de perros.	To have a hard life	Mener une vie de chien	ein Hundeleben führen.	Fare una vita da cani.
Hacer el equipaje.	To pack your luggage	Faire ses valises	Die Koffer packen.	Preparare il bagaglio.
Hablar como un loro.	To talk all the time	Être bavard(e) comme une pie	Wie ein Papagei quatschen	Parlare come un pappagallo.
Lección 3. Lamento que haya habido otro incendio				
Sofocar un fuego / incendio.	To put out a fire	Eteindre un feu / un incendie	Ein Feuer / Einen Brand löschen.	Spegnere un fuoco / un incendio.
Provocar un incendio.	To start a fire	Provoquer un incendie	Einen Brand legen.	Provocare un incendio.
Estallar una tormenta.	To break out (a storm)	Une tempête s'est déchaînée	Ein Gewitter ausbrechen.	Scoppiare un temporale.
Lluvias torrenciales.	Torrential rain	Pluies torrentielles	Sturzbachartige Regenfälle.	Piogge torrenziali.
Movimiento sísmico.	Seismic movement	Mouvement sismique	Beben.	Movimento sismico.
Hizo erupción el volcán.	The volcano erupted	Le volcan s'est réveillé	Der Vulkan brach aus.	Fece eruzione un vulcano.
Temblor de tierra.	Earth tremor	Tremblement de terre	Erdbeben.	Scossa.
Han caído cuatro gotas.	A few drops of rain have fallen	Il n'est tombé que quelques gouttes	Es hat ein bisschen getröpfelt.	Sono cadute quattro gocce.
Lección 4. Se aprende viajando				
Hacer turismo.	To go on holiday	Faire du tourisme	Reisen.	Fare turismo.
Visita turística.	Tourist visit	Visite touristique	Reisebesichtigung.	Visita turistica.
Visita guiada.	Guided visit	Visite guidée	Besichtigung mit Führung.	Visita guidata.
Lugar de interés turístico.	Place of tourist interest	Lieu d'intérêt touristique	Touristisch sehenswerter Ort.	Sito di interesse turistico.
Ruta turística.	Tourist route	Itinéraire touristique	Reiseroute.	Percorso turistico.
Vista panorámica.	Panoramic view	Vue panoramique	Rundblick.	Veduta panoramica.
En definitiva.	Definitively	En définitive	Letzten Endes.	In definitiva.

ESPAÑOL	INGLÉS	FRANCÉS	ALEMÁN	ITALIANO

Lección 5. Pienso, luego existo

ESPAÑOL	INGLÉS	FRANCÉS	ALEMÁN	ITALIANO
Locos por la cultura.	Crazy about culture	Fous de culture	Verrückt nach Kultur.	Pazzi per la cultura.
Ser de letras / de ciencias.	To be an arts / science student	Homme, femme de lettres / de sciences	Den Geistes- / Naturwissenschaften nahe stehen.	Amare le lettere / la scienza.
Pasión por la lectura.	Love of reading	Passion de la lecture	leidenschaftlich gern lesen	Passione per la lettura.
Tertulia literaria.	Literary discussion	Réunion littéraire	Literarisches Kränzchen.	Incontro letterario.
Mundo de las finanzas.	World of finance	Monde des finances	Finanzwelt.	Mondo della finanza.
Ciencias ocultas.	Occult sciences	Sciences occultes	Dunkle Wissenschaften.	Scienza occulta.
Dedicarse en cuerpo y alma.	To devote oneself in body and soul	Se consacrer corps et âme	sich mit ganzer Seele widmen.	Dedicarsi anima e corpo.
			Kegeln.	
Jugar a los bolos.	To go bowling	Jouer aux quilles	Verwünschen.	Giocare alle bocce.
Echar mal de ojo.	To put the evil eye on	Jeter un mauvais sort		Augurare un maleficio.

Lección 6. Aunque no lo veas, créelo

ESPAÑOL	INGLÉS	FRANCÉS	ALEMÁN	ITALIANO
Ser un clásico.	To be a classic	Être un classique	Ein Klassiker sein.	Essere classici.
Asistir al estreno.	To attend the premiere	Assister à la première	Zur Uraufführung gehen.	Assistere alla prima.
Ponerse en escena.	To go on stage	Mettre en scène	In Szene setzen / Inszenieren.	Mettersi in scena.
Puesta en escena.	Production	Mise en scène	Inszenierung.	Messa in scena.
Tener tablas en algo.	To have experience in something	Avoir du métier	Ein Könner in etwas sein.	Essere abili con qualcosa.
Las apariencias engañan.	Apearances can be deceptive	Ne pas se fier aux apparences	Man soll nicht nach dem Äußeren gehen.	Le apparenze ingannano.
Ser la niña bonita de.	To be someone's pretty girl	Être l'enfant gâtée de	Der Liebling von jemandem sein.	Essere la preferita di.
Ganarse el respeto de.	To earn the respect of	Inspirer le respect de	Sich den Respekt von jemandem verdienen.	Guadagnarsi il rispetto di.
Actor de reparto.	Character actor	Acteur secondaire	Nebendarsteller.	Attore secondario.
Bajar el telón.	To bring down the curtain	Baisser le rideau	Den Vorhang ziehen.	Calare il sipario.
Si no lo veo no lo creo.	I wouldn't believe it if I hadn't seen it	Vraiment difficile à croire	Wenn ich es nicht selber sähe, würde ich es nicht glauben.	Se non lo vedo non ci credo.

Lección 7. ¿Eres de campo o de ciudad?

ESPAÑOL	INGLÉS	FRANCÉS	ALEMÁN	ITALIANO
Ser de campo / de ciudad.	To be from the country / the city	Habiter la campagne / la ville	Vom dem Land / Aus der Stadt sein.	Essere nati in campagna / in città.
Morirse de asco.	To be absolutely disgusted	Crever d'ennui	Total angeekelt sein.	Morire dallo schifo.
No te pases.	Don't push it	N'exagères pas	Übertreib nicht.	Non esagerare.
¡Qué va!	Not at all!	Mais non !	Nein / Überhaupt nicht!	Ma no!
Todo tiene sus pros y sus contras.	It has a lot of pros and cons	Le pour et le contre de	Alles hat seine Vor- und Nachteile.	Tutto ha i propri pro e contro.
Darle a la botella.	To hit the bottle	Lever le coude	ein Trinker sein.	Alzare il gomito.
Precios prohibitivos.	Prohibitive prices	Prix prohibitifs	Sündhaft teure Preise.	Prezzi proibitivi.
Aquí lo tienes todo.	You have everything here	Tu as tout à portée de main	Hier kann man alles finden.	Qui hai tutto.
Al fin y al cabo.	At the end of the day	En fin de compte	Schließlich und endlich.	Alla fin dei conti.
De hecho…	Actually…	En fait	Tatsächlich...	Infatti...
A la vez.	At the same time	À la fois	Gleichzeitig	Contemporaneamente.

Lección 8. Donde dije digo, digo Diego

ESPAÑOL	INGLÉS	FRANCÉS	ALEMÁN	ITALIANO
Corte publicitario.	Advertising spot	Publicité	Werbepause	Spot pubblicitario.
Sección de opinión.	Opnion section	Rubrique d'opinion	Bereich Meinung.	Angolo delle opinioni.
Cartas al director.	Letters to the editor	Lettres à la direction	Briefe an den Herausgeber.	Lettere al direttore.
Índice de audiencia.	Viewing rate	Audimat	Einschaltquote.	Share.
Suplemento dominical / cultural.	Sunday / culture supplement	Numéro dominical / culturel	Sonntags- / Kulturbeilage.	Supplemento domenicale / culturale.
Corresponsal de guerra.	War correspondent	Correspondant de guerre	Kriegsberichterstatter.	Corrispondente di guerra.
Opinión sesgada.	Skewed opinion	Opinión subjective	Einseitige Meinung.	Opinione meditata.